好好活着

读别人的凡尘故事
过自己的通透人生

沈岳明——著

中国工人出版社

图书在版编目（CIP）数据

好好活着：读别人的凡尘故事，过自己的通透人生 /
沈岳明著. —北京：中国工人出版社，2023.5
ISBN 978-7-5008-8185-8

Ⅰ. ①好… Ⅱ. ①沈… Ⅲ. ①散文集 – 中国 – 当代 Ⅳ. ①I267

中国国家版本馆CIP数据核字（2023）第089121号

好好活着：读别人的凡尘故事，过自己的通透人生

出版人	董　宽
责任编辑	葛忠雨　刘广涛
责任校对	张　彦
责任印制	黄　丽
出版发行	中国工人出版社
地　　址	北京市东城区鼓楼外大街45号　邮编：100120
网　　址	http://www.wp-china.com
电　　话	（010）62005043（总编室）　62005039（印制管理中心） （010）62379038（社科文艺分社）
发行热线	（010）82029051　62383056
经　　销	各地书店
印　　刷	天津中印联印务有限公司
开　　本	880毫米×1230毫米　1/32
印　　张	9.25
字　　数	210千字
版　　次	2023年6月第1版　2023年6月第1次印刷
定　　价	48.00元

目录

第一章　一粒愚蠢的种子

第二章　幸运的蓝蝴蝶

第三章　草有草的快乐

第四章　一只檀木箱子的秘密

第五章　没有什么比母爱更珍贵

第一章

一粒愚蠢的种子

特殊使命

在湘北一个小镇上，曾住着一对警察夫妇，为了小镇的安宁，他们每天都要执勤到深夜。虽然工作辛苦，但辛勤的付出获得了小镇人民的尊敬，为此警察夫妇倍感欣慰。

警察夫妇不只为保小镇平安而辛勤操劳，还拿微薄的工资去资助镇上上不起学的孩子，并救助残疾人和孤寡老人。慢慢地，很多有困难的外镇人也慕名而来，希望能够得到他们的帮助。警察夫妇总是来者不拒，不管是谁，只要有困难，他们都会尽力相助。他们的善举，也赢得了人们的爱戴，很多人家里都贴着他们的照片，祈愿他们一生平安。

可是，不知为什么，老天爷就像是故意捉弄他们似的，让这么好的两个人遭遇了巨大的灾难。那是一个多雨的季节，不时有山洪暴发的消息传来。一天夜里，一股罕见的洪峰侵袭了小镇。原本，警察夫妇是有机会逃离的，但是为了帮助小镇的其他人，他们没有选择逃走。最后，所有人都得救了，而警察夫妇却失去了宝贵的生命……

一个瘸腿的老人，坐在低矮而潮湿的出租屋里，正在给一个10多岁的孩子讲故事。不大的出租屋里，一大半的面积被发霉的废品占去了。离出租屋不远的地方，便是繁华的都市。每次老人讲完故事，孩子都会发问："爷爷，您真的确定，那对警察夫妇就是我的父母吗？"老人总是用力地点点头，然后望着不远处的繁华都市，说："孩子，你与别人不同，你是人民警察的后代，你还有着与别人不一样的特殊使命，那就是继承你父母的遗志，长大了也要当警察，为人民服务！"

老人的话总是让孩子热血沸腾，原本那个因对自己所处环境不满而灰心丧气，或者因无人管束而顽劣不堪的孩子，突然变得懂事明理、积极上进起来。

转眼，10多年过去了，当年的那个孩子也成了一名人民警察，他时时处处以自己的父母为榜样，为保百姓平安辛勤地付出着自己的汗水。那些上不起学的孩子、救助站的残疾人、福利院的老人，以及贫困山区的穷苦人，都是他资助的对象，他也因此而备受人们的爱戴。

一天，他对老人说："爷爷，我想回老家看看，虽然父母都不在了，但我还是想去看看那片他们曾经生活和奋斗过的土地。"好半天，老人才叹了口气，说："孩子，想去就去吧，我知道迟早会有这么一天的。"

然而在湘北那个小镇，他却没有打听到关于警察夫妇的故事，有年长的人告诉他，确实有这么一对夫妇，但他们不是警察。那个男人，是个酒鬼；那个女人，患有轻度精神病。一次，男人又喝醉了，并习惯性地发起了酒疯，于是与女人厮打了起来。那时，正好山洪暴发，别人都逃走了，他们却被淹死了。

回城后，老人从他的表情上就已看明白了一切。他不解地问老人：“爷爷，您为什么要骗我？”老人说：“我不是你的爷爷，只不过是一个靠捡废品为生的瘸腿老人，那时你还小，孤苦无依，就算我收养了你，也无法给你一个正常孩子生活和成长的环境，如果我不给你一个‘特殊使命’，很难想象，你现在会是什么样子……”

他的眼泪，哗哗地流了下来，说：“爷爷，您永远是我的亲爷爷。谢谢您给我的这份‘特殊使命’，我将用我的一生去推动、完成！”

一粒愚蠢的种子

16 岁那年的冬天特别冷，马上就要过年了，可家里一点年货都没准备。母亲让我跟父亲进一趟城。母亲说："抓几只鸡去，城里人喜欢吃乡里的土鸡，兴许能卖个好价钱。将鸡卖了，就能买些年货回来，咱们一家就可以高高兴兴地过大年了。"

尽管北风呼呼地刮着，天冷得让人牙齿咯咯地响，可街上依然热闹非凡，大家都在采购年货呢。父亲找了个人稍微少点的地方，让我站在那里卖鸡，他说他去办点事，马上回来。走时，还嘱咐我，一定要按母亲说的价格卖。

父亲刚走，便有一个城里人来买鸡。那人也没还价，便将鸡买走了。我没想到这么顺利就将鸡给卖掉了，而且还卖了一个好价钱。我在原地站了一会儿，见父亲还没回来，便不耐烦了。特别是看到前面围了一圈人，更是耐不住性子要去看热闹。

一圈人围着的是个中年男人，一边挥舞着拳脚，一边向人们介绍自己的武艺，并问是否有人愿意跟他学艺。见半天没人回应，他便用手指着一个年轻人，说："如果我将武艺传授给你，只要 1 元钱，你愿意吗？”那人犹豫着说：“愿意。”便给了他1元钱。中年男人拿过1元钱后，便对着他的手掌拍了几下，说：“我已将武艺传授给你了，请你拿手用力拍向一块石头，试一下自己的武艺。”

人们惊讶地看到，那个年轻人一掌便将一块石头拍得粉碎，于是大家纷纷鼓起了掌，我也跟着鼓起了掌。更令人惊讶的是，那个中年男人竟然又将那1元钱还给了年轻人，并说：“我传授武艺，并不是为了赚钱，而是为了发扬武术精神，只有那些与我有缘的人，才有资格获得我传授的武艺。”

这时，中年男人再问大家：“还有谁愿意出1元钱，买我的武艺？”这回几乎是所有人都大声地回答：“我愿意。”当然，我也喊了声：“我愿意。”那时，正是各类功夫片播得火热的时候，别说我们这些少年，就是不少成年人，都梦想拥有一身好功夫。

中年男人见大家都说愿意，便伸出了手。人们会意，肯定是要1元钱。于是，大家一人给了他1元钱。中年男人笑了笑，一边将钱还给了大家，一边问：“如果我收每人10元呢？有人愿意吗？”大家知道他不要钱，于是异口同声地喊：“我愿意。”中年男人当即向大家伸出了手，说：“愿意就拿来吧。”

开始时，大家还有点犹豫，但一想，反正他也不会真要，于是纷纷掏了钱。中年男人依然笑着将钱又都还给了大家。接着，中年男人大声地问：“如果我要你用身上所有的钱来买我的武艺，有人愿意吗？”大家都觉得好玩，几乎是想都没想，一齐喊：“我愿意。”中年男人再次向大家伸手，说：“愿意就拿来吧。”

大家争先恐后地向中年男人掏出了身上所有的钱。中年男人一边接钱，一边对掏钱人的手掌拍几下，并交给他一块石头，让他回家后再拍。当然，我也得到了那一块石头，代价是我失去了身上所有的钱。中年男人在收了大家的钱后，在众人犹疑的目光中扬长而去。

中年男人的身影消失之后，大家才回过神来。有人开始对着那块石头用力拍，我也对着那块石头用力拍，所有人都对着那块石头用力拍去。“哎哟！”大家一齐大声地喊痛。没人能拍碎石头。有人找到了第一个人拍的石头，那是一堆干的碎面粉渣，而那个年轻人也早没影了。

“上当了。”有人说。大家吵着、闹着，有人说花了几百元买了一块破石头，有人说花了上千元。我心里清楚，我那几百元卖鸡的钱，没有了。众人陆续散去了。我仍在原地发呆。这时，有人拍我的肩膀，是父亲。父亲说：“你怎么跑到这里来了？为什么不在原地等我？鸡卖掉了吗？”

我哭着告诉了父亲经过。我求父亲去将我失去的钱找回来。父亲却说：“是你自己愿意跟人家交换武艺的，怪得了谁，拿几百元去换一块大街上随处可见的破石头，看你今后还长不长记性。”其实父亲手里是有钱的，因为他刚刚去讨回了自己一年的工钱。但他就是没买年货，并且也没坐车，而是和我一起走了几十里路回家的。几天后，父亲才独自去城里购了年货。

此事虽然过去多年了，但我依然记忆犹新。当年“拿几百元去换一块大街上随处可见的破石头”的行为，就如一粒愚蠢的种子，深深地种在了我的心里，让我要强的心感到了羞耻与悔恨。而正是这羞耻与悔恨，被时光沤成了肥料，滋养着我一天天成长、成熟，让我的脚步走得更加坚实，人生的方向更加明确，目标更加远大。

把美丽移进心里

在一位摄影家朋友处，我看到了不少美丽的图片。特别是有一张，让我惊讶不知是哪国的何种建筑，朋友告诉我，那只不过是我们家乡随处可见的，一个废弃的喜鹊窝而已。当我带着疑惑仔细看时，发现还真是喜鹊窝。

一个破败的鸟窝，竟然被拍成了如此“宏伟”的建筑，实在令人惊叹。还有一张图片，我反复研究，也说不出拍的是世界上哪个大峡谷，只是深深地被那份幽深和神秘所倾倒。朋友却告诉我，他拍的是一块干牛粪。一块干牛粪，置于路边，路过它身边的人，可能连看一眼的欲望都没有，却被摄影家拍出了它无比美丽的一面。

还有许多平凡甚至是丑陋的东西，都被他拍出了特别的效果。可以说不俗，或者说美丽。我不解地问他是怎么做到的，他说：“只要心存美丽，以美丽的眼光去看世界，那么世界上所有的东西，就都是美丽的。”

想起一个人。她是我多年前供职的杂志社副主编。70 多岁的人了，无论走到哪里，都让人觉得非常美丽，不管是穿着、谈话，还是行动。那种由内而外的美，总是让人由衷地欣赏、赞叹。

有人大胆地开她的玩笑，说："您年轻时一定是个大美人。"她毫不介意地，甚至是俏皮地笑着反问："难道我现在就不美了吗？"人们都开心地笑了起来，说："美，比年轻时更美！"她不仅人美，只要与她在一起，周围的人都会觉得自己也一样很美，就连气氛也是美的。

有记者随机采访她："每个人都会随着年龄而衰老，美丽不再，您为何能做到长久地保持自己的美丽呢？"她说："因为我把美丽从脸上移进了心里。"

这就是为何有些人，不管变得多么衰老，依然不失他们的美丽，原来，他们将美丽从脸上移进了心里。有一颗年轻美丽的心，远比年轻美丽的容貌重要。只要人人心存美丽，世界就会变得更美丽。

荆棘路上果实多

在我的故乡，有一种菜，味道十分鲜美，那就是水竹笋。可以凉拌，也可以炒腊肉，或者清炒辣椒，怎么做都好吃。在那大荒的年月，水竹笋可以用来充饥，后来又是农村人的下饭菜，而现在，则成了酒楼里最受城里人欢迎的招牌菜。

每当春暖花开的时候，在我的家乡，几乎是一夜之间，漫山遍野便冒出了许多尖尖的绿芽，那就是水竹笋。这时，农人们便纷纷出动，去山里采水竹笋。而农家的孩子，几乎都会采水竹笋。

那年在采水竹笋的季节，而我，也正是十三四岁懵懂而叛逆的年龄。由于受不了读书的苦，见很多人退学或者逃学，都不去上学了，天天在家自由玩耍，我也吵着要退学。我跟家里人说："他们都不去上学了，还不照样生活得好好的，自由自在地过日子多好，为什么非得要那么辛苦地去上学呢？"

那些天，我不是跟几个臭味相投的小伙伴四处游逛，便是躲在家里睡大觉。一天，爷爷找到我说："孩子，你跟我去采水竹笋吧。"我一听，不是要我读书，便来劲了。我跟爷爷一人背着一个背篓出发了。进到山里，爷爷说："咱们分开走，这样采得多些。"

我跟爷爷说好一个会合的地点后，便各自出发了。我在会合点等了好久，爷爷才满头大汗地赶了过来。我埋怨道："您怎么这么久才到啊？"爷爷说："路不好走，荆棘多，衣服和手都被划破了。"我说："您走的那条路跟我走的这条路都是大路，怎么会不好走呢？"

爷爷说："刚才，我根本就没有走大路，而是一路钻荆棘丛过来的。"我不明白了："放着大路不走，为什么要钻荆棘丛呢？"爷爷说："大路上哪里能采得到水竹笋啊，好的早被人家采光了，就是有，也都是些细小纤瘦的。"

这时，我才发现，爷爷的背篓里已经装满了粗壮结实的水竹笋，而我的背篓里却只躺着几根细小纤瘦的水竹笋。

见我不吭声，爷爷接着说："宽阔的路，虽然走起来轻松，但因为走的人多，收获自然就少。而布满荆棘的地方，因为没人走，所以遍地都是果实。人生中，只有敢从布满荆棘的地方走过的人，才能采摘到最大最美的果实啊！"就是这一句话，点醒了当时懵懂的我。

现在又到了春暖花开、采水竹笋的时候，可是爷爷却已去世多年。吃着鲜美的水竹笋，想起爷爷当年的那句充满了人生哲理的话，我百感交集。正是因为爷爷的那句话，让我在以后的人生路上，再也没有贪图过大路上的轻松和自由，也不再害怕荆棘丛里的刺痛与险阻。

两兄弟的秘密

作为一名“特教”员，对于那些“坏孩子”早已见怪不怪了。可是，我却意外地发现，班上有一位名叫程星的学生似乎与众不同。

通过仔细观察，我发现程星并不是个“坏孩子”。他不但学习成绩好，各科功课，只要一教便会，而且还谦虚好学，也没发现有打架闹事的行为。难道这些好表现，都是他装出来的？

为了弄个明白，我决定找程星单独谈谈。谁知，还没等我开口询问，程星便“扑通”一声跪在我的面前，哭道：“老师，您千万别抓我弟弟进来。”我连忙将他扶起，并慢慢地引导他说出了事情的真相。

原来，程星的原名叫程亮，程星是他的双胞胎弟弟，原本在六中就读，因为喜欢与社会上的青年一起上网玩游戏，有时还小偷小摸甚至打架闹事，于是遭到学校劝退，因家长苦求，才同意休学一年保留学籍。可休学在家的程星不但没有向好的迹象，还有变本加厉的趋势。家长实在管不了了，才决定将他送去“特教中心”。

程亮在一中读书，成绩优异好学上进。兄弟俩长得像极了，如果不看表现，只看长相，就连家长也分辨不出来。当知道自己要被送去“特教中心”时，弟弟程星后悔了，但家长已不会再去听他的辩解与保证，程星没办法了，只好去找哥哥程亮。

懂事的程亮决定帮弟弟程星一把，于是，他顶替弟弟来到了“特教中心”。而他的弟弟程星则以程亮的名字进了一中就读。听完他的话，我倒吸了一口凉气，说：“你知道你们这是在做什么吗?这是欺骗学校、欺骗家长，并且每个人都有独立的学籍，是不能顶替的。”

程亮见我发火了，又“扑通”一声跪下了，并求我一定要帮帮他的弟弟程星。我被程亮的真诚打动，决定暂时替他保密，但我还是得搞清楚，真正的程星现在的情况，因为一个教师的良知告诉我，我不能因帮了一个“坏孩子”，却毁了一个好孩子。

我决定去一中看看顶替哥哥程亮学位的弟弟程星。我特别想知道他现在的情况，究竟是依然顽劣不堪，劣性不改，还是良心发现，突然醒悟，一心向好了。我以程亮“舅舅”的身份，通过程亮的班主任见到了程星。我悄悄地告诉程星，我是程亮派来了解他在学校的表现的。这显然是程星没有想到的。他大惊失色的表情，让我明白了，他确实转好了，并且很在乎哥哥对他的看法。特别是他的班主任老师，更是对他夸赞有加，看来，他的表现很出色，不然，怎么连班主任都没发现其中的秘密？我悄悄地告诉程星，他的哥哥现在很好，并且向他转告了哥哥程亮的叮嘱。

很快，程亮在“特教中心”的学习期满，并以优异的成绩毕业了。两兄弟又回到了各自的学校。而这个秘密，我也一直牢牢地替两兄弟保守着，直到前不久，我收到两兄弟均被北京一所高校录取的来信，才决定将这个秘密写出来，以此见证两兄弟的深情厚谊。更要告诫天下少年，珍惜亲情，珍惜生命，走好人生每一步。

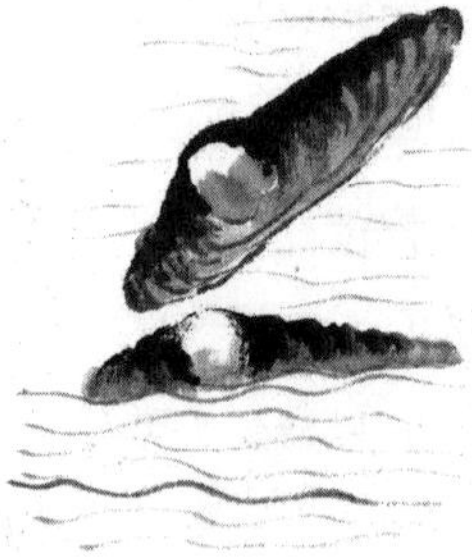

总有人会陪着你

在去考科目四的前一天晚上，我几乎辗转了一夜，原因是教练跟我说，这次他就不陪我去考试了。自从在驾校报名学习 C1 驾照后，从科目一到科目三，都是教练陪着我去考试的。并且，我似乎已经习惯了教练的陪伴，每次考试也都很顺利，顺利得让我自己都不敢相信。

我周围的人都说，驾考之难，胜于走蜀道。我没走过蜀道，不知道蜀道之难，似乎也不知道考试之难，我之所以彻夜难眠，也并不是害怕考试。经过一番思考与总结，我认为应该是害怕没有人陪伴。

我总是这样担心着：如果找不到考试的地方怎么办？因为每个科目的考点都是不一样的。要是教练能陪我一起去驾考中心，那该多好，那样，我就不会担心找不到考试地点了。就这样胡思乱想了一夜，天一亮我便起床出发了。

上了开往驾考中心的大巴，我还处于没人陪伴去考试的纠结状态。突然，我听到坐在我前面的一位小伙子跟客车售票员说，去驾考中心。我的眼睛突然一亮，赶紧跟他搭讪："你也是去驾考中心？"小伙子朝我礼貌地点头，说："是的，想必你也跟我一样，是去参加科目四考试吧？"就这样，我找到了一起去考试的伴。因为有人陪伴，我觉得心里开阔多了。意料之中，我们都顺利地拿到了驾驶证。

回来的路上，我跟小伙子说："幸亏遇上了你，不然，我连个伴都没有。"小伙子却说："怎么会呢，跟我们一起参加考试的有上百人呀，如果没有遇上我，你也会遇上别人的。"我想了想，还真是这样。如果不是先遇上他，我肯定会跟别的同路人结伴，也一样会找到考点，也一样会通过考试，顺利拿到驾驶证的。而我之前的担心、忧虑、纠结，完全是多余的。

我又想起了多年前，我第一次去镇上读书报名的情景。因为父母有事，不能陪我去镇上，对于第一次走出家门，从未去过镇上的我来说，心里别提有多担心、忧虑和纠结了。可是，当我走出家门后，便发现，竟然有那么多的同伴在路上等着我。

其实，人生路上，总有人会陪着你，在这个世界上，你也永远不会孤单。从出生起，就有人与你一起出生，后来又有人会陪你一起上学，再后来又有人与你一起工作。于是就有了同年、同学、同事。所以，不管何时，请不要担心、忧虑和纠结，因为这世界上一定会有与你情况相近的人，与你一起走过那段日子。

古峰山下一株茶

从岳阳出发至怀化站，需要坐一晚上的火车。第二天一早，我下火车后坐上了去湾溪的大巴车。经过曲折的3个多小时后，车子便停在了古峰山脚下。

下了车，还需要步行大约3小时，才能到达古峰山顶。沿路茶树密布，时值冬季，茶树上的茶籽早已被勤劳的山民采去炼油了，那香喷喷的茶油不但味美，还极利于人体健康，所以很受城里人青睐。

越往深处，只觉满眼都是山，山道弯弯，山峦起伏，并且静得出奇，就连自己的脚步声、不时的鸟鸣声，听起来都是那么安静。偶尔有劳作的村民，还有像我一样的游客，在安静的大山面前，无论怎样放肆地唱跳，似乎都无法让它变得热闹起来。

就是在这时，我与一位老人相遇。说是相遇，其实还隔了几个山头，山里人有“望山跑死马”的说法，意思是，尽管你能看到山，似乎山就在自己的眼前，但要真正爬上山，却要累死一匹马。我只能看到老人矫健的身影，像音符一样在山岩的琴键上跳跃、舞蹈，却不能与他对话。

向当地人打听，才知道那是一位拾荒的老人。老人无儿无女，并且还不是本地人。他在山脚下租了间屋子，靠捡破烂儿为生。老人常年在山里拾荒，每拾满两袋子便挑下山去。一头是可回收的，一头是不能回收的。可回收的，就卖给废品收购站；不可回收的，就放入垃圾处理池内。

至于老人为何要固守于山里，有几种传言。一种传言是，他有个女儿，来此旅游，不幸坠落山崖失去了生命，老人来此是为了长伴自己的女儿。还有一种传言，因为老人年轻时曾跟恋人一起来此旅游，结果恋人不幸坠落山崖，为了怀念那段刻骨铭心的恋情，老人选择了长留此地。

传言毕竟是传言，谁也不能确定其真假，因为老人从不与人交流，或许他是个聋哑人，也或许他根本就听不懂本地人的话。但是，我更愿意相信，老人就是一个普通的拾荒者，虽历尽沧桑，但他经年地劳动，顽强地拼搏，自有他的道理，那就是对这个世界的爱恋。

这个世界可能有我们毫不知晓的美丽，让他不断咀嚼，不断品味，不断镌刻于心底。他是古峰山石缝里的一株茶，一株极其普通，甚至有些营养不良的老茶，但正是因为有千千万万这样的老茶，才使得古峰山更加苍翠、葱郁，充满生机。

下山时，我的手里不知不觉地多了两个袋子，一个袋子里装着可回收废品，一个袋子里装着不可回收的垃圾。在走过老人的出租屋时，我随手将那袋可回收的废品放了进去，将那袋不可回收的垃圾则丢进了不远处的垃圾处理池。

当我做完这一切准备上回程的大巴时，无意间回头一看，发现很多和我一样的游客，正从山上陆续往山下走着，他们的手里，无一例外地都提着两个袋子，一个袋子里装着可回收废品，一个袋子里装着不可回收的垃圾。

那些手套是谁送的

12 岁那年的冬天很冷，马上就要过年了，同学们都戴上了手套。我知道，因为家里贫穷，父亲答应买给我的手套肯定又泡汤了。同学们的手套一双比一双漂亮，特别是我的同桌阿杰的那双棕色手套，更是让我羡慕不已。

有一天，正是下课时间，同学们都到外面玩去了。我一个人在教室里看书，偶然间我发现阿杰的手套就放在他的抽屉里。鬼使神差地，我将阿杰的手套拿出来，戴在了自己的手上。就在我独自欣赏着那双漂亮的棕色手套的时候，一个人跑进了教室，她叫阿琳，坐在我的前一排。我吓得赶紧将手套脱下，放进了阿杰的抽屉。阿琳显然发现了我的异样，有点不好意思地说："我是回来拿围巾的。"说完便拿了围巾飞快地跑出了教室。

我的心再也无法平静下来。阿琳不但人长得漂亮、家境好，而且成绩也是全班最好的。我想，如果她将刚才的一幕告诉老师，那我不就成小偷了？我在心神不宁中度过了几天，老师一直没有找我谈话，我这才悄悄地松了口气。

就在年前的倒数第二天，我突然发现自己的书包里多了一双手套，而且还是那种很漂亮的棕色手套。晚上回家后，我深情地对父亲说："爸爸，谢谢您给我买的新年礼物，我真是太高兴了！"

父亲奇怪地问："你说什么？我什么时候给你买礼物了？"我不解地望着父亲说："爸爸，难道我书包里的那双棕色手套不是您买的？"父亲有点不好意思地说："孩子，你知道的，因为工地还没有给我结工资，我现在根本就拿不出这么多钱来给你买礼物，不如你去问问你妈妈，看是不是她买的！"

我的母亲在一个富人家里当保姆。母亲说："孩子，东家确实是给我发工资了，但我全都买了家里的日常用品，所以，我便没钱给你买礼物了。"那这双手套究竟是谁买的呢？我反复向父母保证绝不是我偷来的，父母才放过了我。

第二年的新年前夕，我的书包里又突然多出一双手套，还是那种漂亮的棕色手套，不同的是，比以前那双要稍大一点，戴在手上正合适。

一连好几年，每年新年前夕，我都能收到一双漂亮的棕色手套。随着年龄的增长，我也越来越渴盼知道那个送我手套的人究竟是谁。

突然，我想起了多年前曾偷戴同桌手套的那一幕来，那时还被阿琳撞见过。莫非那些手套都是她送给我的？我越想越觉得有这个可能。因为最近阿琳老是跟我一起讨论学习上的事，还问我要不要报考北京大学。肯定是她在暗暗地帮助我！她为什么要帮助我？唯一的解释可能就是她喜欢上我了！作为一个穷人家的孩子，能够得到一个富家女孩的喜欢，这是一件多么美好的事啊。可是，当我问起这件事的时候，她却摇头否认了。并且，她对我几年前偷戴同桌手套的事，竟然也忘得一干二净！

为了弄清真相，当新年再次来临之际，我早早地便留意起来。那是新年的前两天，天还没亮，我便潜伏在了教室外的窗户下，偷偷地观察教室内的动静。果然，有一个人影出现了，她的手里拿着一大捆手套，正在一双双地往同学们的抽屉里放。我的出现吓了她一跳，她是我们的校长。校长告诉我，这些手套都是阿琳的父亲送给大家的，全校学生每人都有。阿琳的父亲是一位有名的企业家，他可不想孩子们对他报什么恩，所以一切都交代给校长来安排。

原来是这样，本以为那些手套是阿琳送给我的，不想却是她的父亲。更让我失望的是，不只是我，全校学生人人都有。最终，我没有报考北京大学，而是报考了家乡的大学，阿琳则如愿去了北京大学。从此，我们再也没有联系。

直到多年后的今天，我看到阿琳写的一篇自传，才知道，当年的手套确实是她送给我的。她为了维护我小小的自尊，便想出了一个让她父亲给全校学生送手套的主意来。在自传中，她不无遗憾地写道："也许，他这一辈子也想不到，他居然是我的初恋，不，应该说是暗恋，因为他并不知道我一直喜欢他！"

2005 年的那一场雪

离 2005 年元旦还有 20 多天时，我的心便一直是提着的。因为元旦我要随妻子去她的老家湘西古城黔阳（现在与洪江合并了），这个日子是早就定下来的，于是，我一直担心会遇上恶劣天气。

虽然我与妻子在 2004 年国庆节时，回我的老家湘北举行了婚礼，也拿到了结婚证，但对于她的父母来说，我依然是一个“未过门”的女婿。如果因为恶劣天气影响了出行，怎么对得起翘首盼望了几个月的岳父、岳母？

随着时间的一天天临近，我的心也紧成了一团。因为天气预报，并没有给我们带来好消息。尽管广州的天气依然秋高气爽，可湘西却下起了雨，并且还有可能下雪。我跟妻子说：“要不，咱们等过完春节，选个好天气之后再去吧！”妻子有些犹豫，但还是听了我的建议，因为她也觉得下雪天出行会有诸多不便。

妻子给父母打电话，以商量的口吻说，能不能取消这次回家的计划。妻子的父母不同意，理由是，他们已经通知了所有的亲戚朋友，还要在湘西给我们举办婚礼呢。这个理由，让我们无法拒绝。

于是，元旦那天，尽管湘西已经下起了鹅毛大雪，但我们还是准时出行了。

火车一路往北，又往西，穿过无数条又长又黑的隧道，我的心里也充满了对未知的恐惧。尽管妻子早就跟我说过，湘西是山区，但我还是大吃了一惊，真没想到会那么“山”，好像整个怀化城，不，整个湘西，都住在一座大山里。

坐在我们对面的是一对母女，母亲30多岁，女儿八九岁的样子。一路上，女孩不停地跟母亲说着话，看什么都新鲜的她，激动兴奋的样子，与我的心情形成了巨大的反差。

从她们的对话中，我粗略地了解到，女孩是第一次跟母亲回外婆家，她的父亲也没见过岳父、岳母，本来这次想一家三口一起去的，但女孩的父亲临时有事走不开，所以便只有母女两人去了。

我只顾想着心事，妻子可能累了，歪在我的身上睡着了。所以，我们谁都没心思听女孩跟她母亲的絮叨了。

一下火车，我们便像突然掉进了冰窖，这让在广州生活了多年的我们，着实见识了什么叫冷。尽管我们早就提前准备了棉衣、毛裤，但那些从广州购买的棉货，似乎单薄得根本无法抵御大山里零下6摄氏度的寒冷。我们一边跺脚，一边搓手，但牙齿还是一个劲地在打战。

当我们来到汽车站时，却被告知因大雪封山，暂时取消了自怀化到洪江、安江等地的客车。我望着妻子，心想怎么办？她似乎也没料到会发生这种情况，毕竟在外多年，对故乡的了解并不多。

我说：“要不咱们先找个旅店住下？”妻子反问我：“这雪一时半

会儿也停不了，估计未来几天都通不了车，我们总不能老住在旅店里吧。”

我说：“那怎么办？要不，我们现在就回广州？”妻子显得很犹豫，多年没回家了，现在马上就要见到父母了，可却因为这场大雪，而不得不再次与近在咫尺的家别离。最后，妻子一咬牙，说：“行吧，你去买回广州的车票，我还得跟父母通个电话才行。”

广州的车票很顺利地买到了，两个小时后，便能坐上回广州的列车，我虽然有些遗憾没能见岳父、岳母一面，但总算是不用在这个陌生的地方挨冻了，终于松了一口气。

当妻子与父母通完电话，看到我的手里拿着两张车票时，歉疚地说：“这票得退了，爸说，虽然大雪封山不通公车，但私车还是通的，我们可以试着去找那些‘黑车’！”

我的心一下子又紧了起来，说：“连公车都不通，去找那些‘黑车’，多危险呀！”妻子无可奈何地望着我，说：“爸说了，亲戚朋友明天就都到了，咱们的婚礼，大家都见不到咱们，这像什么样子？”

确实不像样子，我觉得任何语言，在此时都显得苍白无力。我没再说话，默默地将车票退了，然后我们一起去找“黑车”。

“黑车”果然在我的预料中出了问题。当司机让我们下车后，我才发现，那车的一只轮胎已经脱落，只剩下三只轮胎勉强支撑着，才没让车翻掉。而我们的脚下便是万丈深渊。我们吓出了一身冷汗，如果司机没有及时发现轮胎脱落，再迟那么一点儿停车，我们就丧身山崖了。

随我们一起下车的，竟然还有那对母女，她们显然也发现了我们。女孩高兴地冲我喊叔叔好，显然对刚才那危险的一幕毫不知情，依然欢快得像一只云雀，不停地缠着妈妈问何时才能到外婆家。

“黑车”坐不成了。妻子显得很无奈，同时又觉得很对不起我，问我后不后悔娶了个山里姑娘，我嘿嘿地笑着，心却一点点地往下沉，不知道下一步应该怎么走。

这时，一辆出租车从我们身边驰过。我跟妻子几乎同时追了上去。出租车确实空着，但司机只想回家，这么恶劣的天气，他哪儿也不想去了。我表示愿意多出钱，但司机依然摇头，意思很明显，他只想保命，不想赚钱。

妻子急得哭了起来，并不停地向司机说好话。最终，司机可能被自己的善心与我们的高价一起说服了，答应跑一趟。

就在我们要出发时，那对母女出现了。望着女孩那张无忧无虑的脸，我毫不迟疑就答应载上她们。一路上，都能听到女孩欢呼的声音，但我的脑子里却全是滚下山崖的壮烈画面。

大约行驶了一个多小时，出租车停了下来，原来那对母女到家了。女孩甜甜地冲我们喊：“叔叔阿姨再见。”我们的车子继续往前，可是还没走多远就又停下，前面一处路段塌方了，挖土机正在清路，看来一时半会儿是过不去了。

我走下车，想活动一下筋骨，驱驱寒气，却见那女孩正站在我们面前。女孩说：“叔叔，你们一时走不了，就来我外婆家歇歇脚，喝杯热茶吧！”

随女孩进入她外婆家的小木屋，边喝茶边烤火，身上顿时暖和多了，但我的心里依然深感阴冷。

这时，女孩与她外婆的对话，传入了我的耳朵。女孩说："外婆，我真是太高兴了，第一次见到亲爱的外婆，第一次见到这么多的雪，第一次看到这么多的山……还有，那辆客车真是太搞笑了，居然掉了一个轮胎，还没摔倒。咯咯咯……最有意思的是，前面的路还被泥石埋住了，让我有机会将新认识的叔叔阿姨，带到家里来玩。外婆，您现在知道了吧，我和妈妈就是坐他们打的出租车，才能这么快见到您的。"

原来，我们诅咒的、厌恶的这一切，在那个女孩的眼里，竟然是如此生动和有趣！尽管雪还在下，天气依然寒冷，但我的心情突然晴了起来。

因为我从女孩的身上，学到了这个道理：当所有事情都变得糟糕和无法改变时，我最少还能改变和主宰自己的心情。

接下来，公路恢复了通行，我们又坐了一个多小时的车，才来到了一个叫花树脚的地方。再接下来，我们又在雪地里走了 2 小时的山路，直到晚上 7 点多钟，天已经黑透了，才摸到位于古峰山半山腰的岳父家。但整个过程中，我再也没有抱怨，没有愤怒，甚至没有担心，我一边迈动双腿往山上攀登，一边欣赏沿途银装素裹的大山。即便天黑了，那漫天的雪花，也能将我的眼前映得透亮。而我的心里，竟然为了这段难得的经历，透着点点欣喜。

爱与恨的区别

她出生于一个贫困的家庭，8 岁那年，父亲患眼疾，很快便花光了家里的所有积蓄。可是，父亲的双眼还是失明了。面对这个深陷贫困的家，母亲绝望地选择了离开。从此，父女俩相依为命。

失明后的父亲，异常脆弱，再加上母亲离去的打击，使他更加忧郁，并因此患上了多种疾病。因为连基本生活都无法自理，父亲几度想自杀，但都被她及时地劝阻住了。

不到 10 岁的她，就像一个庄稼汉一样下地干活，并且四处捡垃圾赚钱养家。她一边悉心地照顾着父亲，一边偷偷地去村里的学校外面听课。老师可怜她，决定不收她的学费，让她上学。

就这样，尽管生活艰难，但她依然渐渐地长大了。不管是上小学，还是上中学，她都没有离开过父亲。照顾父亲成了她的工作，而读书则成了她的业余。有时候，上完一节课后，由于对父亲的牵挂，她会利用课间休息的 10 分钟时间，跑步去几里外的家里看一眼，当看到父亲好好的，她才放心地跑步回学校。

尽管她没有太多的时间花在学习上，却并不影响她以优异的成绩考上大学。虽然考上了大学，但她却不想去上大学，因为她交不起学费。她想去打工，因为只有这样，她才能够照顾好父亲，养活这个家。没想到学校在得知她的情况后，减免了她的学费，还同意她带着父亲上大学。不但这样，学校还让她利用业余时间去学校打扫卫生，这样，每月便有几百元的生活费了。

与同龄孩子相比，她的生活简直可以用“悲惨”二字来形容了。但人们从没在她的脸上看到过愁容，反而看到的是开心的笑容。她被请上电视台，主持人问她：“你难道不觉得苦吗？命运对你如此不公，为什么从没见你哭过，却总是见你在笑呢？”

她依然一脸笑容地说：“不，我不觉得苦，也没觉得命运对我不公，我觉得自己已经很幸运了。虽然我的家境贫困，但得到了许多人的帮助。”主持人不解，接着问：“你难道不恨你的爸爸？因为他的病一直拖累着你呀！”她回答：“不恨。”主持人追着不放，问：“为什么？”

她回答：“我不但不恨爸爸，还应该感谢他才对。与别人相比，我已经够幸福的了，从小学到大学，我每天都有爸爸陪着，试想，别人的爸爸每天都忙于工作，哪有那么多时间陪孩子呀？”

主持人觉得有道理，点了点头，但随即又有点不甘心地问：“那么，妈妈呢？她的离去给你和这个家造成了多大的伤害呀，你难道不恨她吗？”她稍微沉默了一下，随后坚定地说：“不恨。因为她是我的妈妈，她给了我生命，她便永远是我最亲的人，既然她的离开能让她生活得幸福，我为什么不让她离开呢？试想，自己最亲、最爱的人过得幸福，我应该高兴才对，为什么要恨呢？”

最后，主持人拿起了她的日记，发现她的日记本上写着：因为恨，世界将你抛弃；因为爱，会让你拥有整个世界。这就是爱与恨的区别。

好好活着

在我居住的小区，经常可以看到一个胡子又粗又长的中年人在垃圾箱边翻捡垃圾。每当路过垃圾箱时，我都会不由自主地皱起眉头，并快速走过，因为垃圾箱的气味实在太难闻了。那个中年人是小区的清洁工，他在做清洁工作的同时，也会顺便将那些可再次利用的垃圾分拣出来卖给废品收购站。

有一次，我正准备将几个空易拉罐丢进垃圾箱，看见那个中年人正在垃圾箱边分拣废品，于是，我将那几个易拉罐丢进了他放在垃圾箱边上的一个空袋子里。在我转身要走的时候，被他叫住了，他追上来，从兜里掏出5毛钱，说是给我那几个易拉罐的钱。看到有几只苍蝇围着他飞来飞去，我忙说："不要了，不要了。"几步回到房里，转身将防盗门关上了。

第二天，当我开门时，发现门边有一袋东西，袋里正是我昨天丢掉的那几个易拉罐。那个中年人依然在垃圾箱边分拣废品，见我出来，忙跟我解释，他不能白拿我的东西。我哭笑不得，说这是垃圾，放在家里没有用，得将它扔进垃圾箱。

最终我还是看见，他从垃圾箱里捡走了那几个易拉罐，这次他没再给我钱。后来，我陆续听到小区里的人评论他——“这个人真是怪，你给他的废品，他总要掏出几毛钱给你。你如果拒绝，他还理直气壮地说他不是讨饭的。一个捡垃圾的，跟个讨饭的有什么区别嘛。”

听到这话，我的心里一震，以后要给他废品，就当着他的面扔进垃圾箱里，不再放进他的袋子里。果然，他不再坚持要给我钱了，而是摇着头，一脸无可奈何的样子，意思是说，瞧这些城里人，真会浪费，明明还能卖钱的东西，怎么就这样扔了？

以后，没事的时候，我总是偷偷地观察那个中年人，越看越觉得他与其他那些捡破烂儿的人不同。我在大街上就碰到过那样的人，当我走着的时候，突然从旁边冒出一个人来，伸着脏手问我手里的矿泉水瓶子还要不要，一脸讨好的样子。他显然不是那样的人，如果哪天没有看到他来小区分拣废品，我的心里居然还空落落的，不知道他会不会出什么事。

突然一连几天，那个中年人都没来小区分拣废品，垃圾也没人处理。最后，小区管理处找到了那个中年人。小区管理员说，他找到了自己的仇人。我的心里一紧，他居然还有仇人？那他会不会跟仇人打起来？又会不会受到伤害呢？我终于忍不住去看望了他。

原来，他是一个建筑工，因为包工头卷走了他半年的工资，所以他一直在寻找那个包工头。他在好几个小区当临时清洁工，所谓的临时清洁工，便是那些还没有完全建好的小区，收留的一些流浪拾荒者，他们不要工钱，只被允许在这里分拣垃圾箱里的废品，但要负责清理垃圾。这样，他既可以保证目前的生活，还可以寻找他的“仇人”。

他的“仇人”是一个年轻人，躺在一个四处漏风的小铁皮屋里，好像是生病了，而那个照顾他的人便是那个中年人。他们不是仇人吗？怎么还照顾起来了？原来，那个年轻人只是个小包工头，卷走工人工资的是大包工头，所以年轻人也是个受害者，他也一直在找那个大包工头，可是连影子都没找到，于是他选择了跳河自杀，正好被中年人救了起来。

出于记者的本能，我决定将这件事情写下来。但中年人却只说了一句话，别人瞧不起我们，但我们自己得瞧得起自己。好好地活着，才是自己瞧得起自己的最好证明。好像是对我说的，但我却看到躺在床上的年轻人忍不住地哭了起来。

不久，我看到那个中年人又来小区分拣废品了，陪在他身边的是那个年轻人。在初露的晨曦中，一老一少，就像父子般亲热地小声说着什么，开始了一天的工作。

一盒点心引发的后果

读中学的时候，我们宿舍里一共住着 6 个男生。我们 5 个人相处得不错，有一个叫曹龙飞的却从不与我们一起玩。他不但性格孤僻，也从不跟我们说话，还总是独来独往，就是晚上我们邀请他一起去外面吃夜宵也不肯去。我们都觉得他不合群，太孤傲，所以以后，我们再外出时，也就不叫他了。久而久之，我们甚至感觉不到他的存在了，好像我们宿舍里原本就只有 5 个人，而从来就没有他这个人似的。

我们 5 人中最大的那个叫李清华，他比我们大几个月，而且个子也高不少，平时还特别喜欢开玩笑，经常将我们的东西藏起来，我们急得要哭了才还给我们。尽管如此，但大家还都喜欢跟他玩，因为他家里最有钱，每次回家他都会带一些好吃的东西回宿舍给我们吃。

有一次，李清华又带回了几包东西，有一大袋水果，还有他爸从香港出差带回来的高级点心，我们四人，一人一包。正好曹龙飞不在，我们先将水果吃了，然后一人抱着一包点心听李清华讲他爸的故事。贪吃的钟晓军三下五除二便将那包点心吃了个精光，吃完了，还连连说不如他爸从澳门带回来的好吃。

李清华有点生气地抢过那个空盒说：“给你吃了，你还说不好吃，早知道这样，我便送给曹龙飞吃了！”说完李清华玩兴大发地将我们吃过的果皮和果核用那个空点心盒装了起来，然后朝我们眨了眨眼睛，大家会意，他肯定是想将这包东西送给曹龙飞，他这个恶作剧般的玩笑将我们的好奇心调动了起来。

正好，曹龙飞回来了。李清华不慌不忙地指着桌上的那包“点心”说：“曹龙飞，这包点心是送给你的，你拿去吃吧。”大家忍住笑，都想看一看曹龙飞拆开那包“点心”时的滑稽相，所以都停止了说话，并一齐将目光投向了曹龙飞。

曹龙飞在愣怔了几秒钟后，似乎不太相信似的问：“是给我的吗？”李清华一本正经地点了点头：“是的，是给你的，这是我爸爸特意从香港带回来的点心，大家都有的，我给你也带了一包。”

曹龙飞的嘴唇微微地抖了几下，很感动地说：“谢谢，谢谢你们大家还记得我，等我爸爸卖了麦子后给我寄钱了，我再请大家的客。”说完便伸手去拿桌上的点心。

一场好戏马上就要开始了，可是我却再也不忍看下去了。就在曹龙飞的手即将摸到那包“点心”的时候，我突然将自己手里的那包点心往他的手里塞了过去。我说：“曹龙飞，我这包也送给你吃吧。”曹龙飞赶紧伸手想将我送过去的点心挡回来：“不，我不能要这么多，这是李清华送给你的，那包才是送给我的。”我说：“我不喜欢吃点心，还是都送给你吧。”在推来推去中，我将那包“点心”

调了包。也许是急切地想看一场好戏，他们竟然谁也没有看出我调了包，最后，我得到了那包装有果皮果核的“点心”，曹龙飞得到了我的那包点心。

李清华想看热闹，便说：“曹龙飞，你拆开看看吧。”可是，曹龙飞却没有立即拆开那包点心，而是朝我们嘿嘿地笑了两声说：“我想放暑假时带回家去给我的弟弟和妹妹吃。”接着，他又说：“那时，我们家的麦子就可以卖了，我一定请你们去餐馆里吃饺子！”

后来，我们便去吃夜宵了，留下曹龙飞一个人在宿舍里，那包果皮果核让我趁没人注意时丢进了垃圾桶。第二天，他们四人再次看到曹龙飞的时候，还带着一种幸灾乐祸的笑意，可是曹龙飞却完全变了，他变得开朗了起来，不但爱笑爱说话，还爱学习了。弄得他们四人莫名其妙地骂曹龙飞是神经病，给你吃了果皮果核还高兴得跟个洋娃娃似的。

少年贪玩，也易忘事，一转眼我们便到了高考的紧张时期，谁也没再提起过那件事情。我们都考上了大学，各奔东西就更没人提起这件事了。

突然有一天，从美国读博归来的曹龙飞找到我，说有个同学聚会让我一定参加，其中便有我们当年的6个人。席间，曹龙飞谈起了那盒点心。说如果不是因为李清华的那盒点心，就不可能有今天的他。他说那时的他是那么贫穷、自卑，让他感到这个世界上没人瞧得起他，甚至连一个宿舍里的人，都不理他。想到偏激处，他甚至连生活下去的勇气都没有了，是李清华给的那盒点心让他知道，还是有人在乎他关心他的。他曾经答应过大家，等他的爸爸卖了麦子有了钱便请大家的客，可是那年的麦子歉收，没有卖到钱，后来大家便各奔东西了，所以错过了请客的机会，今天他一定要将这个欠了多年的人情补上……

几个人听得面面相觑，因为已经没人记得当年的事情了。只有我还记得，当年是我偷换了那盒点心，但是我没说，就让曹龙飞的这份美好的感恩之心永远地保持下去吧。突然，我想，如果当时曹龙飞打开的盒子里装的是果皮和果核时，又是一种怎样的情景和后果呢？我不敢往下想了。

以爱相待

生活在加利福尼亚州的苏姗是一位单亲妈妈，自从丈夫跟她离婚后，她便独自带着6岁的女儿珍妮过日子。虽然刚开始的时候生活很艰难，但苏姗能够吃苦。苏姗相信离开了丈夫，她和女儿一样可以生活得很好。苏姗一心想让女儿过上更好的日子，只要别的孩子拥有的，她便要想办法满足珍妮，因为珍妮已经失去了父爱，苏姗不想再让珍妮有别的遗憾。并且，苏姗还希望珍妮在自己的言传身教之下学会做生意，长大以后也好接管她的公司。于是，苏姗将全部时间和精力都投入公司和女儿的身上。她时常将女儿带在身边，这样一来，做生意与带女儿两不误。

生意场上的争斗，早已将苏姗锻炼得像个铁人一样坚强，尽管她曾经遭受过很多比她实力强的对手的排挤，常常令她苦恼不堪，但她总能够及时找到排解的方法，那就是以同样的方式，将自己的遭遇转移到别的弱小者身上去。弱肉强食本来就是自然的生存法则嘛。所以，苏姗每天要做的就是：避开强劲对手的排挤，尽量在弱小者那里赚取利益。

在一个休息日，苏姗带着女儿珍妮去圣地亚哥动物园玩。那里新到了一批非洲狮、苏门答腊虎，还有珍稀的印度孔雀等动物。珍妮一进动物园便很高兴地想去亲近那些动物。当来到一只非洲狮的身边时，珍妮试图用自己的小手去触摸关在笼子里的非洲狮。这时，苏姗赶紧上前制止，苏姗指着一块上面写着“非洲狮凶猛，切莫触摸”的牌子对珍妮说：“宝贝儿，这种动物是会咬人的，千万别去招惹它。它就像生意场上某些强劲的对手，只要你小心躲避就会没事的。”珍妮点了点头，去别的地方玩了。

当珍妮来到一只印度孔雀的身边时，好奇心又起，但她想起了妈妈的话，小手欲试又止，小脑袋歪过来看着妈妈，她是在征询妈妈的意见呢。见女儿一副小心翼翼的样子，苏姗笑了：“宝贝儿，那是只印度孔雀，不咬人的，你想摸就摸摸吧！”令苏姗没有想到的是，女儿珍妮却没有去摸那只印度孔雀，因为珍妮看到了一块牌子，上面写着“印度孔雀易受惊吓，切莫触摸”。珍妮对苏姗说：“妈妈，我会不会吓着印度孔雀啊！它很容易受惊吓的，我想，我还是不摸它了。”苏姗突然被女儿的纯真和善良感染，久未流泪的眼睛居然湿润了，苏姗觉得女儿珍妮远比自己伟大，她应该向女儿学习。

避开凶险固然没错，但欺负弱小却不应该。如果我们每个人都懂得互相以爱和善良相待，那么，这个世界该会变得多么美好啊！

善恶一念间

18 岁那年，读高二的我突然迷上了赌博。因为在市一中读寄宿，我常常利用星期六和星期天悄悄地溜出校门，跟社会上的几个青年一起狂赌。而远在乡下的家人根本就不知道，只是对我越要越多的生活费感到为难，而我已经深深地陷进了赌博的泥潭，不能自拔。

因为我们学校离化肥厂很近，我二舅在化肥厂工作，父亲便给了我 300 元钱，让我交给二舅，说是买化肥的，可我却将那 300 元钱全输掉了。我不知道如何向父亲交代，晚上躺在床上怎么也睡不着觉，便没头没脑地在校外四处溜达。

此时已是华灯四起，我想到可能还在田里劳作的父亲，是如何在给庄稼施肥，渴望着给我这个不争气的儿子筹集下半年的学费时，我的心里便揪心地痛。这时，我突然看到一个 20 岁左右的女孩，挎着一个小包从化肥厂走了出来。那个女孩我认识，她是化肥厂的工人，我曾去找二舅时看到过她，因为她长得小巧而美丽，给我留下了特别深刻的印象。我本想上去跟她打个招呼，一想到我从没跟她说过话，她不一定认识我，再说她脚步匆匆，转眼就走了很远，我便打消了跟她打招呼的念头。

突然，我想到，今天不是化肥厂发工资的日子吗？从每月 25 日准时领工资的二舅身上，我联想到了眼前这个女孩今天也一定发工资了，并且就在她的包里！一个令我心跳加速的念头从脑子里跳了出来，我的心在那一刻提到了嗓子眼。我悄悄地尾随在了女孩的身后，长长的路灯在寂静的大街上将她的身影拖得很长。我知道，女孩越是走到前面，便离人群越远。显然，这条路又是女孩回家的必经之路！我一边躲躲闪闪地跟在女孩身后，一边尽量让自己狂跳的心平静下来，我身材高大，而女孩却娇小柔弱。我想，只要我突然跳出来，用力一拽，女孩手里的包就会落到我手里，然后我迅速抄小路向郊区的方向逃走。

就在我准备实施自己的方案时，突然从路边跳出一个身影，那是一个身材高挑而消瘦的男人，他极力掩饰着自己内心的慌乱站在了女孩的面前，女孩吓得尖叫了一声，正想转身逃走，却被那男人一把抓住了手里的包。女孩吓得哭了起来，女孩说，求求你，别抢我的包。那人用力一拽，包便到了他的手里，那人转身就想抄小路往郊区逃。我心里一急，知道如果他往那个方向走就糟了。我不顾一切地冲上前去，一把抓住了那人的胳膊，我的出现显然是那人没想到的，在愣怔了几秒钟后，他认出了我是个学生，便凶相毕露地掏出了匕首。我知道硬拼可能不是他的对手，毕竟他的手里拿着凶器。于是，我站在原地不动，他以为我害怕了，就在他转身想逃的一刹那，我一个虎扑将他摁倒在了草地上，而他的匕首也深深地扎进了我的左手臂，疼痛使我松开了他。他转身就跑，还没有跑出几米，化肥厂上夜班的工人们就赶到了，工人们一起将凶犯制服了。

惊魂未定的女孩指着我对她的同事们说：“就是这位同学，他不顾生命危险帮我抓歹徒，要不是他……”后来才知道，那位女孩的包里有 1 万多元现金，有她刚发的 1000 多元工资，其余的钱都是厂里职工捐给她患癌症的母亲治病的。

我莫名其妙地当上了英雄，接受了派出所奖励的 500 元现金，还被学校授予“见义勇为好学生”的光荣称号。奇怪得很，从那时起，我就再也不赌博了，并且一心扑在学习上，最终考上了大学。很多年过去了，没有人知道那件事的真相，我也害怕向人说起，我只有用认真学习和不断地帮助他人来为自己曾经差点铸成的大错赎罪。现在想来，我还真是后怕，要不是那名歹徒抢在我的前面下手，也许，成为歹徒的人就是我了。真是善恶一念间啊！

有色眼镜

数年前我曾经在山区教书。即将离任的李老师在与我交接班时，特别提到了一位学生——张建成。他的父亲曾经带着他一起参与偷盗行动，因为张建成的个子小，他的父亲便让他爬进别人家的窗户去拿东西，自己则守在外面接应。李老师说，她最担心的就是这个孩子长大了也跟他父亲一样。

于是，我便特别留意张建成，我发现，张建成平时从不与其他同学一起玩，总是默默地看书，或者下课时一个人躲在教室里，将小脑袋靠在窗边望着远方发呆。我想，他肯定是因为自己有这么个爸爸而感到自卑吧。怎样才能让他走到同学们中间去呢？因为只有融入集体，才是帮助张建成同学走出自卑阴影的最好方法。

有一天放学后，走到半路，我觉得还是应该回学校去打个电话。那时我的宿舍还没装电话，我想跟远在省城的妻子商量一下，让她尽快将儿子送来我这里读书。首先，我是老师，儿子由我教育可能好些。其次，我想，如果儿子来了，便让他跟张建成一起玩，这样张建成有了玩伴，便能尽快走出自卑的阴影。可是妻子坚决不同意，如果儿子跟他学坏了怎么办？我想想也对，不能因为一个坏学生而影响了自己的儿子，到时后悔就晚了。因为妻子是心理医生，她说，她愿意跟张建成同学见见面，好好开导开导他。我是个急性子，见妻子久未动身，便想再打个电话催催她。

当我返回校园时，学校里已空空如也，只有一位60多岁的门卫大爷在校传达室里打瞌睡。令我奇怪的是，我还发现了一个人的身影，那人正是张建成！只见他蹑手蹑脚弯腰弓背地躲过了校传达室门卫大爷的眼睛，身手敏捷地向教室走去。

他想干什么？莫非他想回教室偷东西？教室门的钥匙只有我才有，每天早晨我第一个来开门，晚上我锁好门后才离开，莫非他又想从窗户钻进去？这时，我发现，还有一位叫姚林的同学也没有回家，而是躲在教室门口东张西望，难道他是在等张建成来了再进教室……我紧张地跟在张建成的身后进了校园。又一想，不对啊，姚林可是一位残腿孩子，他还拄着拐杖呢。

就在我想走过去问个明白的时候，姚林已经发现了张建成，张建成一改平时的怯弱，很高兴地走过去一把将姚林扶住了，但很快又伸出手指按在唇边嘘了一声，两人又显得小心翼翼起来。不一会儿，他们便相互搀扶着，轻手轻脚地绕过了传达室门卫大爷的眼睛出了校门，等走出了好远，他们才大声说笑了起来。望着两人一路有说有笑地远去，我不得其解。

姚林虽然腿有残疾，但他从来不孤单，平时总是积极地参与班级活动。为何要跟张建成偷偷在学校里约会呢？莫非他们之间藏有什么秘密？第二天，当我问起的时候，他们竟然不约而同地极力否认。我只好第二天守在校门口的一个暗处，等待抓到“证据”再说。果然他们被我当场“捉住”。

这次，他们没有理由不回答我了吧。张建成说是因为姚林说他的腿走路不方便，需要自己的帮助，于是每天主动留下来帮助他，一直将他送回家。姚林却说，因为很多同学都不跟张建成玩，说张建成是小偷的儿子，他觉得张建成可怜，便将张建成的情况告诉了自己的妈妈。姚林的爸爸早逝，姚林的妈妈靠捡破烂儿养活姚林，她鼓励姚林跟张建成一起玩。可是张建成不肯，后来姚林说自己的腿不方便，需要他的帮助，张建成才答应。

原来是这样！但令我不解的是，为什么一定要等其他同学放学后，张建成才返回来帮助姚林同学呢？张建成说：“因为我的名声不好，我害怕姚林跟我在一起，别的同学就不再跟他玩了。”我的心里突然一沉，不由得为许多像我这样的家长和老师悲哀起来，孩子们复杂内心形成的原因，都是因为家长和老师们戴有一副有色眼镜啊！

14 岁那年的墨镜

14 岁那年，我在放学回家的路上遇到了几个小青年，他们把我堵在一个小胡同里。为首的那位嘴里叼着一支烟，流里流气地往我的脸上吐了一个烟圈，说："小子，算你今天倒霉，赶快去给我们哥儿几个买包烟来抽抽。"他们人多势众，我的身上一分钱也没有，我知道那一天肯定会被他们狠狠地揍一顿。因为在这之前我就听同学们说起过这几个人，他们就曾找我们班的同学要过钱。我灵机一动，说："我身上没有钱，但我认识附近那家小卖店的老板，我可以先赊一包烟给你们，等我有了钱再还给他。"几个小青年看我不像撒谎的样子，就跟着我走出了胡同。

一走出胡同，我撒腿就跑。我听见后面那几个小青年边追边喊，你小子给我站住。又听到那个为首的说："这小子我认识，他是镇中初二（3）班的学生，下次逮着了一定扒了他的皮。"我跑了好几里路才敢停下来看一眼身后，没有发现他们追上来才松了口气。一路上我的心里隐隐地担忧起来，因为那条小胡同是我去学校的必经之路，那天是星期六，也就是说我在家里待一天后，星期一上学的时候就得经过那里。如果再次遇到那几个小青年怎么办？越想我的心里越害怕，我在心里设想过很多种应对的办法，也设想过很多种后果，但依然没有想出一个好办法。回到家时，天色已晚，父亲刚好担着两个空篓回来，显然他刚刚将收到的破烂儿卖掉了。我突然想出了一个自认为很好的办法，就是买一副墨镜像电影里的特务那样将自己伪装起来，这样经过那个小胡同时那几个小青年就认不出我来了。刚刚卖了破烂儿的父亲身上肯定有钱，可是我拿不准父亲肯不肯给我买墨镜。因为我家很穷。正因为家穷，邻居家孩子有新鞋我没有，邻居家孩子有牛仔衣我没有……于是，父亲在我的心中一直是个很无能的形象。父亲会给我买一副在他看来毫无用处的墨镜吗？他知道一副墨镜对于一个 14 岁孤傲而胆小的孩子来说有多么重要吗？

但，我还是说了，我对父亲说，我要一副墨镜。我等待着父亲问我为什么要墨镜，饭都没得吃要一副墨镜干什么？可是父亲自始至终没说话。晚上吃过饭后，收电费的王黑子推开了我家的门。我一口饭便堵在了喉咙眼上，我知道，我的墨镜没有了，因为我看见父亲哆哆嗦嗦地从口袋里将他收破烂儿所得的几块钱掏给了王黑子。我随便扒拉了几口饭便躺在床上生闷气去了。

母亲过来跟我说话，我也不愿搭理。母亲从父亲那里知道了我的心思，对我说："你爹说了，他明天还去收破烂儿，一定会给你买一副墨镜的。"可我的心里还是惴惴不安，因为父亲说过的很多话都是不算数的。比如说给我买鞋，买牛仔衣。但是现在，我感觉到那副墨镜比以前所有要过的东西都重要。

星期天，我无精打采地跟着母亲去地里锄了一天草，晚上回到家果然就见父亲又挑着两个空篓子回来了。父亲哆哆嗦嗦地从口袋里掏出了一副墨镜。我接过墨镜的那一刻，心里的一块石头终于落了地，我赶紧一个人躲在房间里戴上，站在镜子前面看来看去。我问母亲花了多少钱，母亲说 5 元钱。我的心里一沉，那可是我们家一个月的电费，四口人一个星期的生活费，父亲东奔西跑辛辛苦苦一天的收入啊。那一瞬间，我感到那副墨镜在我的手里沉重了起来，我突然很后悔让父亲买这副墨镜。第二天去学校时，我并没有戴上墨镜，而是将它用一块布包好放在了书包里。那一刻，我感到自己浑身充满了力量，我甚至想，如果再碰上那几个小青年，我一定要跟他们打上一架。我想，我没有理由怕他们，我昂首挺胸地走过了那个小胡同，可是却再也没有碰到过那几个小青年。

父亲也许并不知道，他给我买的那副墨镜竟然给了我那么大的力量。直到前不久，我跟父亲说起那副墨镜的事情时，父亲摇了摇头，他一点也不记得了。还是母亲告诉了我事情的真相，那时，父亲看出我的神情有异，就跟母亲商量，第二天一直暗暗地跟在我的身后，将我送去了学校。在途经小胡同时，他们发现，有几个小青年躲在暗处探头探脑地观察着我，最后发现我的身后跟着两个大人才没敢现身。从那以后，上学、放学父母便一直跟在我的身后保护我。为了我那点小小的自尊，父母竟然一直没有问我要那副墨镜的原因。

因为温暖

在美国新泽西州有一位叫拉特森的小伙子，从小学到大学，他都没有离开过母亲的照顾，直到大学毕业，他还舍不得离开温暖的家去外面工作。因为，如果离开了母亲，离开了他依恋的家，他甚至连生活都不能自理。

拉特森的父亲开有一家衣帽公司，在当地十分富有。在父亲的再三要求下，拉特森终于答应去父亲的公司上班，可是还没干一个礼拜，他便逃回了家。为此，拉特森的父亲狠狠地骂了他一顿。由于夫妻俩在面对孩子的问题上产生了严重的分歧，最终，拉特森的父母离了婚。可是拉特森还是没能听从父亲的劝告，尽快学习自立，并成为父亲日后的接班人。不久，拉特森的母亲被医院查出患有癌症，很快离世了。更令他难以接受的是，一次车祸让拉特森的父亲也永远地去了，此时的拉特森被迫接管了父亲的公司。可是，由一个没有任何管理经验，甚至连生活自理能力都没有的人去管理一家公司，后果可想而知。很快，拉特森便破产了。

破产后的拉特森成了一名流浪汉。在一个寒冷的冬天，又饥又渴的拉特森来到了一个小农场，眼看天便要黑了，可是农场里的灯就是不熄。因为拉特森想趁黑去那家人的厨房里弄点吃的。就在拉特森冷得直打寒战的时候，农场的男主人和女主人披上大大的风衣去了牛棚，他们很可能是去给奶牛添饲料。此时，拉特森看见，只有一个五六岁的小男孩在家里，这是一个千载难逢的好机会。

他摸了摸插在屁股后面的匕首，然后大踏步地向那个小男孩走了过去。拉特森的想法是，首先得让小男孩弄点东西给他吃，然后，还得给他一点钱。当然，钱越多越好，看样子，这家人也不怎么缺钱花，如果将他们的所有积蓄都交给他的话，完全可以保证他几年的温饱生活了。但是，他想，小男孩肯定会反抗，如果他一喊，他的父母就会赶过来……他再次摸了摸匕首，拉特森想，一定不能让他喊出来。眼看一场灾难不可避免。

幸好，事情很快有了转机。原因是，小男孩不但很热情地拿出了热热的面包和牛奶，还邀请拉特森去他家的火炉边烤火。

后来，拉特森主动向警方自首了。拉特森说，因为温暖，让他成了一个坏人，也因为温暖，让他没有干成坏事。过量的温暖能让人窒息，适量的温暖则能像氧气一样让人得到新生。

最好的报复

家具公司巨头约翰，被同行凯利以非正常的手段打败，宣告破产。约翰只得开了家小作坊苦度岁月。由一个拥资上亿美元的商业巨头变成了一个落魄的街边作坊小老板，约翰没有怨天尤人，而是苦心经营，只待有机会东山再起。

令约翰没有想到的是，10年后，那个曾经以卑鄙方式打败了自己的凯利，在一场突然而至的金融风暴的侵袭中破产了，凯利也变成了一个穷光蛋。凯利决定重新开公司，可是，他是个破了产的人，能去哪里弄笔启动资金呢？他想，只能像刚开始创业时那样，待积累了一定的原始资金后才能将公司开起来。于是，他决定先找份工作。工作并不好找，就在他感到绝望之时，遇到了约翰。约翰现在的公司已经初具规模了。

真是冤家路窄。就在凯利想转身离去时，约翰将他叫住了："凯利先生，很高兴你来我这里应聘，如果你愿意的话，我可以聘任你为本公司职员。"凯利以为自己听错了："这是真的吗？约翰先生，您真的愿意聘用一个曾经伤害过您的人？"约翰说："在我的眼里，你现在只是一个需要一份工作的人，对吗？而我现在正好需要一个职员。”凯利还想说什么，但又不知道应该怎么说，于是他犹豫着说：“我只能跟你签半年的合同，因为我还要将自己的公司重新开起来呢！”

10多年后的今天，凯利依然在给约翰打工。约翰再次成了一名商业巨头，而一直在他手下打工的凯利也得到了不少实惠。有一天，生活无忧、工作安定的凯利，突然问自己的老板约翰：“约翰先生，我想不明白，当年我用了很不光彩的手段来对付你，使你的公司破产。你不但没有报复我，还帮助了我，让我过上了今天的好日子。您能告诉我，这是为什么吗？”

约翰笑了笑说：“我不但没有给你任何帮助，还给了你极大的报复！我让你在我这里工作，却不让你参与我公司的任何决策，也没有什么具体的事务需要你来处理。我每天让你看报喝茶，这10多年来，你养尊处优，失去了开创自己事业的渴望，这就是我对你最好的报复！”

苦涩的爱

嫂子比他大 3 岁。那是父亲去世的第二年，20 岁的嫂子嫁给了 28 岁的大哥。正是枫丹气爽的深秋，太阳暖暖地挂在屋角槐树光秃的枝丫上。嫂子穿了件大红的皮袄，梳得乌黑发亮的大辫子上扎了朵艳丽的大红花。在欢快的唢呐声中，由两个中年妇女搀扶着嫂子走进了他家那三间泥瓦房。大哥激动得只是呵呵地傻笑，忙前忙后地给人递烟。是的，对于一个没了爹的穷泥娃来说，快 30 岁了能娶上这么个如花似玉的媳妇，可不是件容易事。受苦了一生的母亲一共生了 6 个儿女，却只成活了两个，就是他和大哥。自从父亲去世后，母亲就没断过眼泪，最终因长期的抑郁卧病在床。大哥便挑起了生活的重担，白天上山采药，晚上在家编箩篓赚一点微薄的收入，来供他上学及给母亲治病。勤劳善良的大哥在一次采山药时，救了邻村一位上山放牛被蛇咬伤了的姑娘，而赢得了爱情。姑娘叫春花，后来便成了他的嫂子。

第二年，嫂子给大哥生下了个胖乎乎的儿子。而大哥却在一次上山采药时失足跌下悬崖死了。也正是那年，他考上了省城的一所大学。

一系列悲喜剧的发生使整个家庭疲惫不堪，大哥的去世犹如倒了生活的支柱，他拉着哭得死去活来的嫂子说："春花姐，我不想读书了，我上山采药来养活这个家。"嫂子止住悲痛的哭声，用一双酸楚的泪眼惊诧地盯住他说："弟弟，你怎么能说出这样的话来呢？怎么能够有大学不上呢？你大哥去了，这个家理应由我来支撑，你就放心地去读书吧！"就这样，嫂子一人肩挑了养育幼子、服侍老母和供他读书的重担。

在学校里，每每含泪读着嫂子字字句句深情的叮咛和殷切的期盼，手捧沉重的汇单，他就恨不能插上双翅，飞回那贫穷的小山村去和嫂子共撑风雨。但他又深深知道他不能，他害怕辜负了嫂子的一片苦心。

看着一天比一天消瘦的嫂子，躺在床上的母亲常常泪流满面。母亲感动地对嫂子说："闺女，我的好女儿啊，你还是早点找一户好人家嫁了吧，不要误了你自己！"嫂子总是含泪轻轻擦去母亲辛酸的泪水："妈，我既然来到了这个家，就没打算走，因为这个家需要我，您就当我是您的亲生女儿吧！"嫂子，朴素而美丽的嫂子，以她善良和惊人的毅力，默默地支撑着这个风雨飘摇的家。

大学毕业后，他分配到市里工作，日子苦尽甘来。他终于鼓起勇气说出了憋闷在心里很久的话："春花姐，咱们结婚吧！"嫂子受了惊吓似的盯着他，脸一下子红到了耳朵根，眼里却满是泪水。"不行，不行，弟弟你是大学生啊，而我却是个结了婚并有了孩子的女人……"隔壁不停咳嗽的母亲听到了他们的对话，于是便把他们叫到床前。“闺女，你就答应了细娃吧，有你这么个好媳妇，我就是死也瞑目了！”

正当他沉浸在爱情的甜蜜中时，嫂子不见了。她走时给他留下一封信。她说：“弟弟，我爱你，也爱你哥，更爱这个家。因为你们都有一个共同的特点，就是善良。可是，我却不配做你的新娘。你年轻，有文化，有着美好的前程。为了你将来的一切，还是找个城里的姑娘吧，不要意气用事。我去南方打工了，帮我照顾好妈和孩子……”

他含泪读完了信，向单位请了假，去南方找嫂子。可是，偌大的南方，茫茫人海，他到哪里去找啊。他一遍遍追问飘过的云、轻拂的风，春花姐，我今生的爱人，你在哪里？后来他干脆办了停薪留职手续，成了打工大军的一员，他边打工边寻找着嫂子、他的春花姐。他已下定决心要找到春花姐，他要让她成为他幸福而美丽的新娘……

每个人身上都不可或缺的东西

一群青年，决定跟一位回家探亲的老乡一起，走出贫困的大山去广州打工。其中有一位叫霍中怀的青年央求了好久，那位老乡都不肯带他。原因是，他小时候得过脑膜炎，精神不太正常。最后还是霍中怀的父母提了一篮子鸡蛋，说了几篮子好话，老乡才勉强答应带上他。但有一条，老乡规定，到了工作地点后，不该说的不准说，不该做的不准做，一切都得听老乡的安排。好不容易有人肯带自己出去了，霍中怀高兴得连连点头称是。

老乡将他们几个带到了一家农贸市场，他们的工作就是将货物从四面八方开来的汽车上搬下来，然后用小板车运进农贸市场。这种活儿在城里人眼中是苦力活，可是对他们这些扛惯了木头的山里人来说，真是太轻松了。不但包吃包住，到月底还有上千元的工资拿，这群人简直乐坏了。可是，令他们没想到的是，这么好的活儿，他们才干了三个月就不能干了。

事情就出在霍中怀的身上。因为农贸市场出售硫黄姜（用硫黄制的姜色泽好，但有毒），被电视台曝了光。最后，市场管理员找到了霍中怀的老乡，说是霍中怀告发的。老乡问霍中怀，霍中怀说他是从电视里知道什么叫硫黄姜的，他将市场上的姜与电视里说的一比较，发现他们市场里卖的很像硫黄姜，于是他便给电视台打电话，想让他们来看看这里的姜是不是硫黄姜，结果还真是硫黄姜！电视台的人说，这种姜不能吃，吃了对人的身体有害！

老乡气得大骂霍中怀一顿："你呀你呀，叫你不该说的不说，不该管的不要管，你就是不听话，现在好了，我们大家全给开除了！"霍中怀说："对不起，我不知道这种事不能说，可是，万一要毒死人了，那该怎么办呢？"老乡没话说，只得将他们带到了另外一家农贸市场求职。

在另一家农贸市场干了不到一个月，霍中怀又发现了那里竟然经营未经检疫的死猪肉。霍中怀再次给电视台打了电话。结果可想而知，他们又失业了。这次老乡气得骂他就是个傻子，明知多管闲事的后果是失业，还要多管闲事。可霍中怀的倔脾气也上来了："他们卖的东西不卫生，还不让告诉别人，那么多人都吃出病来了怎么办？"

后来，老乡再也不带霍中怀了，他们躲着这个"傻子"又去了另外一家农贸市场。可是，整个广州开始了清查不合格农贸市场运动，他们几个老乡也都成了不受欢迎的人，再也别想在农贸市场里找到工作了。

就在霍中怀走投无路的时候，那些正规农贸市场竟然纷纷找到他，要高薪聘请他当市场管理员。因为电视台的曝光，广大市民都认识了霍中怀，他成了市民心目中放心食品的形象代表。而他所在的农贸市场的生意也比一般市场的生意好得多。各个农贸市场也找准机会纷纷争抢霍中怀。不止是他，他的那些老乡竟然也成了农贸市场争抢的对象。

有记者采访霍中怀：“你觉得自己傻吗？”霍中怀说：“不，我觉得自己不傻，我那是诚实，从小妈妈便教我做人要诚实。”记者说：“说得好，如果你这种人也会被人称作傻子的话，那么我们广大市民都需要你这样的傻子，都得向你这样的傻子学习！”

现在，霍中怀再也不用当搬运工了，他成了广州最大农贸市场的管理员。不仅是他，他的几个老乡也不必再为找工作而发愁了，他们也跟霍中怀一起当上了农贸市场管理员。他们怎么也想不到，一个“傻子”竟然成了英雄。而现在，他们才终于明白：精明只能混得一时的风光，而“傻”一点最终是不会吃亏的。人生中，有一种傻其实不叫傻，它叫诚实。诚实是每个人身上都不可或缺的东西，一旦缺失，便无法立足！

忘记别人的坏

他是一个孤儿，先后被三户人家收养。第一户人家从5岁到8岁养了他3年，后来因为有了自己的儿子，他们便将他送了人。他不肯走，结果被养父母打得浑身都是伤痕。实在挨不过了，痛不过了，他才断了回去的念头。第二户人家养了他5年，到13岁那年，还是被狠心的养父母送了人，原因是他收养了自己亲戚家的一个儿子，好过这个没有一点血缘关系的人。他还是不想走，哭着喊着："爸爸妈妈，你们别赶我走，我一定会听话的，我会做很多事来养活自己的，只求你们别赶我走。"最终他还是禁不住棍棒的毒打，去了第三户人家。第三户人家只养了他一年，就因为不愿意拿钱供他上学，而将他赶出了家门。已经习惯了被人抛弃的他，居然再也没有了哀求的欲望，他只想早点逃出牢笼。

才14岁，他就成了街头的一名流浪儿。刚开始，他只能从垃圾桶里捡些剩饭吃，后来结识了一些流浪儿，于是便跟着他们一起卖花，给人擦皮鞋，还四处捡破烂儿。困了就睡在打烊后的商店门口，第二天天还没亮便被商店的主人用脚踢醒。

过了6年流浪生活后，他去了一家建筑公司当水泥工，算是有了一份正当工作。他用那点可怜的收入报考了夜校。获得成人自考文凭的那年他已满22岁，顺利进入一家公司当起了推销员。

还有什么苦他没有吃过呢？正是由于他能吃苦，很快他的业绩便排在了所有推销员的前面。他当上了销售部经理。再后来，他开起了公司，当上了老板。有了钱，也就有了房子、车子，凡是应该有的也都有了。他什么也不缺了，唯一缺少的就是父母亲情。他决定将他的三对养父母都接来与他同住，200多平方米的房子，完全能够住下来。他还叫他们爸爸妈妈，给他们好吃好喝。

他的助理，也是曾经跟他一起流浪过的最好的朋友说："你疯了，你的养父母曾经那样对你，你还想给他们养老送终啊？他们抛弃你虐待你的事情，难道你都忘记了吗？"

他说："是的，我都忘记了，我为什么要记住呢？我的苦难已经够多的了，我不想全都记在心里。我只知道，他们曾经给过我一口饭吃，给过我睡觉的地方，我才没有被饿死冻死。如果没有他们，我很难活到今天！记住一个人的坏，那是拿别人的过错来惩罚自己，让自己生活得不快乐，我不想让自己整天生活在不快乐之中；记住一个人的好，让感恩时时装在心里，我会觉得自己就是这个世界上最幸福的人。"

他的名字叫王永忠。从粤北山区流浪到广州，他成功地拥有了一家资产达千万元的公司。上面那番话他经常跟自己公司的员工讲起。他常说，自己是幸福的，别人只有一对父母，而他却有三对父母。每天下班回家都能够叫一声爸爸妈妈，是他人生中最大的幸福！

悲怆的歌声

数年前，我居住在一栋旧楼里。由于害怕房子倒塌，因为新楼还没有完工，有的人住进了儿女家，有的人住到了亲戚处，没条件的便只能继续住在旧楼里，等新楼完工后再搬走。那些搬走的人，因为觉得自己的房子空着可惜，便廉价租了出去。由于担心房子倒塌，住在这里的人们每天晚上都不会睡得太死，想着如果房子万一倒塌，得想法子逃生。所以晚上一有风吹草动，人们的神经便会立即紧绷起来。

怕什么偏来什么，一天晚上，我突然被一种奇怪的声音吵醒。"房子要塌了！"有人喊。顿时整栋楼乱成了一锅粥。当人们终于静下心来听时，才发现那声音来自一楼的一家租户，像是有人在唱歌，那是一种严重走调的歌声，在寂静的夜里显得十分刺耳，也许是旧楼给了人们某种心理暗示，总感觉那声音就像楼房倒塌时水泥板和木材的断裂声。

有人敲响了一楼的门。敲门声将那歌声打断了，一个40多岁的男人将门打开后，连声向来人道歉，并表示再也不会这样了。果然一连安静了好几天，可是，不久那歌声又在半夜里突然响了起来。人们再次乱成了一锅粥，等弄清楚又是来自一楼的歌声时，终于群情激愤了。这样下去还让不让人活呀！如果那男人不是故意捣乱害得大家晚上睡不安稳，就是有精神病，不管是哪种情况，都得马上报警。

在警察的帮助下，大家涌进了一楼的租户家。那是一间由车库改成的小房子，由于贴近地面，潮湿而阴暗。房间里的陈设也非常简陋，除了一张床外，别无他物。一个40多岁的汉子局促不安地站在门口对着大家赔不是。床上躺着一个和他差不多年纪的女人，那是他的妻子。就在警察准备问话的时候，汉子的妻子突然从床上跳到了地上，并大喊大叫了起来，同时还手舞足蹈地要拿东西砸人。

警察见状准备冲上去制止，却被汉子叫住了。汉子说只有一个办法才能控制住他妻子的情绪。接着汉子唱起了歌，正是那种让我们在半夜里惊醒的歌声。令人奇怪的是，汉子的妻子竟然在那种刺耳的歌声中慢慢地安静了下来。汉子说，他的妻子在一场车祸中失去了记忆，甚至连他也不认识了，她唯一能够分辨的就是他的歌声，那是他们相识时，他给她唱的一首歌。汉子说，为了妻子的病，他去过很多地方，一边捡破烂儿一边给她治病。

但是，很多人都无法忍受他的歌声。其实他自己也知道，他的歌唱得难听，可他的妻子却很喜欢，以前喜欢，现在竟然只能从他的歌声里识别他。因为害怕吵着了别人，他带着妻子不停地搬家，但只要是有人的地方，都受不了他的歌声。于是，他只能忍着不唱，可是，他的妻子如果听不到他的歌声，情绪便会失控，看着她痛苦的样子，他的心就像刀割一样疼。今天晚上不巧他的妻子又犯病了，于是他忍不住又唱起了歌。最后，汉子哽咽着说，他现在唯一的愿望就是找个没人的地方，好好地为他的妻子唱一首歌。

所有人都沉默着，只有汉子的歌声在小小的房间里飘荡着。而我们发现，听到他歌声的妻子，突然间就像一位少女般羞涩起来，甜甜地笑着慢慢地进入了梦乡。

数年后的今天，许多的人和事我都不记得了。唯有那个汉子的歌声和他妻子少女般羞涩的脸颊，让我难以忘怀。尘世间，印刻在我们心灵深处的，不是富贵也不是贫穷，不是荣耀也不是卑微，而是爱。也许那只不过是一首让别人听来头疼的跑调的歌，对她来说，却是生命的全部。

浓浓荔枝情

那年初来南方打工，没什么专业技术的我经过半个月的“折腾”，口袋一天天瘪了下去，心却一天天提了上来。四处奔波的疲惫，流落他乡的焦虑，人已黑瘦得不成样子了，才毅然决定由深圳转战到广州。

在广州又“寻老乡不遇”。人生地不熟，眼看日薄西山了，口袋里已没有了支付一晚的铜板。想想以后的日子还长着呢，只得咬咬牙一头扎进了附近的一片荔枝林里。后来才知道那个曾经的避难之所就是广州花都郊区的一片荔林。

那时正是岭南荔枝飘香的季节，一串串红灯笼似的荔枝挂满了枝枝丫丫。我悄悄潜入浓荫深处，暗暗庆幸找到了一个绝妙的寄宿之所。我爬上了一棵枝丫较多的荔枝树，将疲惫的躯体横搭在枝干上。透过浓密的树叶看满天闪烁的星星，想着远方的亲人是否也在思念流落他乡的我呢，不觉间思乡的泪水便涌满了眼眶。星星在朦胧中眨眼，红红的荔枝在头顶摇动。我突然想起了苏东坡的名句：“日啖荔枝三百颗，不辞长作岭南人。”这时辘辘的饥肠唤醒了我原始的“贼心”，饱餐一顿之后才在绿叶的掩映下迷糊地睡去。

在一阵沙沙的响声中醒来时，眼睛被一道强烈的灯光给罩住了。这突如其来的惊吓使我出了一身冷汗，差一点从高高的荔枝树上摔了下去。一个苍老的声音在我耳边响起：“你是什么人？”

“我……我……”我吓得浑身酸软，知道肯定是碰上了看园人，想起刚才自己吃了那么多荔枝，心早已蹿到了嗓子眼。像小时候偷吃了邻居的地瓜一样让我惊慌失措。在电灯光强烈的照射下我顺着树干哆哆嗦嗦地溜了下来。

看园人的背有些驼，朦胧的月光照在他满头华发上，使一张多皱的脸变得慈祥而亲切。经过半个多小时的“审讯”，看园人了解到我是一个外来工。他将我的身份证、毕业证等证件一一还给了我，半晌才叹了口气说：“可怜的孩子啊，你跟我来吧！”

老人将我带进了荔枝林深处一所亮着灯的小木屋。老人给我端来了香甜可口的饭菜和一串又大又红的荔枝。那一夜我们如一对忘年之交的朋友同榻而眠。我给老人诉说在外流浪的艰辛和无奈，老人给我讲他人生的苦涩和甘甜，看园生活的孤独和乐趣。

当我在广州找到立足之地后，去找那片曾经栖息过我疲惫的躯体、抚慰了我漂泊灵魂的荔园和那位慈祥的看园老人时，却已是人去园空。小屋的新主人告诉我，老人已被儿子接去香港定居了。

以后每当荔枝飘香的时候，我便想起了那一晚夜宿荔园的情景。啊，是那浓浓的荔枝情，温暖了我因流浪而孤独凄凉的心境。在漫长的人生之旅中，无论是打工还是做人，我都将更加认真而执着，那一份人间真情也会令我萦绕一生，温馨一生。

旧金山公路上的 20 美元

我成长于一个单亲家庭，母亲病故后，父亲更忙了，他似乎永远都在工作，有时几天才回一次家，好不容易回来一趟，除了呼呼大睡，就是指责我。

他常常冲我大吼：“丹尼斯，你为什么又没考好？”或者是：“丹尼斯，贪玩能出好成绩吗？”长此以往，邻居都知道我是个顽劣的差等生。为此，我痛恨父亲，他根本就不爱我，我好想一夜长大，然后尽快逃离这个家。

14 岁那年，我终于等到了机会。趁父亲熟睡，我从他的钱包里偷走了 200 美元，然后爬上一辆不知开往何处的货车。等货车停下来，我才知道自己到了旧金山，于我而言，这是一座相当陌生的城市。

我在旧金山闲逛了好几天，身上的钱很快所剩无几。当我意识到自己只剩 20 美元，而这点钱只够买几个面包圈时，我开始想家了。夜幕降临，我趴在烤鸡店门口流起了口水，这时我突然想起了父亲。离家出走前，他曾买了一整只烤鸡给我吃。

“我要回家！”这个念头一旦冒出来，就一发不可收拾。我跑到车站，想乘车回家。我一辆辆地敲开车窗，可司机们仿佛对我视而不见，他们都不吭声，只是不屑地摇摇头，懒得搭理我。走到最后一辆车前，我几乎绝望了。

司机是一个满脸胡须的大汉，看起来凶神恶煞。我的脑海中马上浮现出电影里那些杀人不眨眼的恶魔，所以犹豫了很久，迟迟不敢走过去。就在我徘徊不定的时候，大汉却主动和我打起了招呼。

得知我要回加州，大汉不吭声了。当我识趣地转身离开时，他突然喊住了我：“喂，小伙子，你肯出多少钱？”

我知道自己还剩 20 美元，于是说：“15 美元怎么样？”即使归心似箭，我也得给自己留下 5 美元买个热狗当晚饭。

大汉很认真地考虑了一下，他说：“不行，最少得 25 美元！”我壮着胆子小心翼翼地还价：“18 美元，再多一个子儿我也不会给的！”

没想到，大汉竟然叹了一口气，他说“那就 20 美元吧，要知道，我可是今天的最后一辆车了。”

夜色渐浓，我以迅雷不及掩耳之势跳上他的车：“快送我回家吧！”

车一启动，我就开始想心事。等我回到家，父亲肯定要狠狠揍我一顿，这皮肉之苦是免不了的。在我胡思乱想的时候，大汉主动跟我说话：“喂，小伙子，你喜欢读书吗？”

这真不是一个好话题，我没好气地回答他：“不喜欢！”

“哈哈哈！”大汉爽朗的笑声在狭小的空间里令我毛骨悚然，我紧张地问他："你笑什么？"大汉说："没想到我们还挺有缘，和你一样，我从小就不喜欢读书！"我没觉得这有什么可笑的，更不认为这是缘分，于是我保持沉默。

"喂，小伙子，你喜欢打棒球吗？"大汉肯定很无聊，他又挑起了另一个话题。可我实在没心情和他聊天，于是我没好气地回答道："不喜欢！""那你肯定喜欢钓鱼！"大汉并未察觉我的低落情绪，饶有兴致地继续发问。

"钓鱼？你怎么知道我喜欢钓鱼？"说起钓鱼，那还真是我的最爱，我有很丰富的经验愿意和别人分享，虽然此时我的内心忐忑不安。

"哈哈哈，我说吧，我们还真是有缘！"大汉得意地笑了起来。"难道你也喜欢钓鱼？"我好奇地询问他。"当然了，我可是远近闻名的钓鱼高手呢！"

这句话激起了我的强烈兴趣，我睁大眼睛问他："真的吗？你钓的鱼最大有多少斤？"

"30 斤！"他向我眨了眨眼睛。我惊讶地张大嘴巴，虽然我不喜欢眼前这个凶巴巴的大汉，可他却是一位钓鱼高手。很快我们就聊得热火朝天，我像遇到了多年未见的老朋友一样，甚至将我离家出走的事、我和父亲的名字都告诉了他。以至于到了目的地，我们都感到意犹未尽。

下车前，我递给他 20 美元："再见了，大叔！"大汉接过钱，冲我做了个鬼脸："记得有时间来我家玩，我带你去钓鱼！再见了，丹尼斯，祝你和你父亲度过一个美好的夜晚！"

看到我突然出现在家门口，父亲又惊又喜。他不顾一切地抱住我，我发觉他的身体在颤抖。他声音哽咽地说：“孩子，你终于回来了！”这时我才知道，为了找我，父亲已经连续几天没合眼，他的眼里布满了血丝，整个人非常憔悴。

我将自己的遭遇告诉父亲，他惊讶地问：“什么，从旧金山到这里有上百公里远，搭出租车起码也要200美元！孩子，你遇上好人了啊！”

很多年后，每当我驾车前往旧金山，都会想起这件往事。那位大汉肯定早就看出我是离家出走的孩子，所以故意和我讨价还价，怕我不信任他不敢上车。我想，当时的他肯定也有一个与我同龄的孩子，看见我漂泊在路上，想起了自己的孩子。

也许，天下父亲的心都是相通的，而孩子们少不更事，只有经历过才能懂得这一切。

让内心拥有春天

小时候跟父亲去山上砍柴，看到两棵树，一棵表皮衰老毫无生机，另一棵看上去生机盎然。我建议父亲说："不如将那棵快要死的树砍了吧。"父亲说："你说的是哪棵树？"我指了指表皮衰老而粗糙的那棵树说："当然是这棵快要死了的树啊。"父亲摇了摇头说："不，这棵树死不了，倒是另外一棵树需要砍掉。"

我不解地问："这是为什么呢，这棵树的表皮看上去都枯萎了，而那棵树的表皮明明还透着青色的光啊？"父亲说："看一棵树，不能只是看表面，而要看它的'内心'，你看这棵树虽然表皮粗糙枯黄，但它的'内心'是好的。而那棵树，虽然从表皮上看它是一副生机盎然的样子，其实它的'内心'已经枯朽。"说着，父亲用手敲了敲两棵树的树干，那棵表皮枯萎的树发出的是结实的声音，而那棵表皮透着青光的树，发出的则是空荡的声音。

曾听过一个有趣的故事：四处云游的老和尚和小和尚，在经过一个富人的家门口时，发现了一个饿得快要死了的乞丐。乞丐蓬头垢面、浑身颤抖地躺在一个草堆旁，用一双无神的眼睛，乞求地盯着过往的路人。其时，正是冬天，小和尚起了怜悯之心，于是对老和尚说：“您看这个富人真是不厚道，眼看着自家门口躺着一个又饥又冷的乞丐不管，这个乞丐肯定会在这个冬天因饥寒交迫而死去。”老和尚却摇了摇头说：“人的寿命不会因贫富而受到影响。”小和尚不信，于是老和尚说：“你还是等着瞧吧。”

一年后，老和尚和小和尚再次云游至此，没想到那个富人因受不了破产的打击自杀了。而那个乞丐则仍然还躺在草堆旁乞讨，尽管依然潦倒，毕竟生命尚存。小和尚不解地问老和尚：“为什么会是这样的呢？那个富人虽然破产了，但也不至于自杀啊，大不了他也像那个乞丐一样去乞讨。”老和尚说：“表面上看，富人因富贵而强大，但他的内心却十分脆弱；而乞丐看上去潦倒凄惨，但他的内心却十分坚强。富人是因内心脆弱而死，乞丐却是因内心坚强而生啊！”

一棵树如果心藏春天，哪怕风霜雨雪将它吹打得遍体鳞伤，它也有枝繁叶茂的一天。一个人，如果内心坚强，哪怕遭遇再多的坎坷，甚至步步荆棘，也会以顽强的生命力来与命运抗争。

让爱拐一个弯

这个故事发生在美国的科罗拉多州。那是一位叫爱妮的单亲妈妈和她收养的女婴维娜的故事。爱妮原本有一份高薪工作，还在科罗拉多州城市中心有一套住房，因为小女婴维娜患有先天性心脏病，为了给维娜治病，爱妮失去了工作，卖掉了住房。她跟维娜住在郊区一所租来的民房里，不但潮湿阴冷，还经常缺水断电，日子过得非常艰难。唯一值得庆幸的是，小维娜的病在爱妮的精心照顾下渐渐地好了起来。

当地记者知道这件事情后，便写了一篇报道，这篇报道很快在广大市民中产生了强烈反响，市民纷纷要求给爱妮和小维娜捐款。报道中说，那是一个飘着雪花的冬日傍晚，爱妮刚刚下班，在公司楼下的河边，她发现了躺在篾篓里不停啼哭的维娜。

“多可怜的孩子啊！”爱妮看了看四周，竟然没有一个人影，“这么冷的天，如果我不将她带回家去，就算她不被饿死也一定会被冻死的。”爱妮小心翼翼地将维娜从篾篓里抱了起来，还去商店里买了奶粉、奶瓶和小衣服。等她回到家里的时候才发现，小维娜好像与别的孩子不太一样。因为她老是不停啼哭，哭声也越来越脆弱，不时还伴有气喘。爱妮连夜将小维娜送去了医院，医院的结果显示，维娜患有先天性心脏病。

尽管爱妮知道，治好维娜的病需要花很多钱，也许会让她倾家荡产，但是爱妮没有放弃，而是决定收留小维娜，将她当作自己的亲生女儿一样抚养。正如前面所讲，为了给小维娜治病，爱妮辞职并卖掉房子。这是何等惊人的决定，也许爱妮就是天使的化身吧，为一个与自己毫不相干的人倾其所有！如果不是好心的爱妮收养了小维娜，也许小维娜早已不在人世了，是爱妮给了小维娜第二次生命。

可是，爱妮竟然拿着报纸找到报社，并申明这篇报道不实。按照爱妮的意思，报社记者不得不为她重新写了一篇报道，并向主人公爱妮及广大读者致歉。重新写好的报道是这样的：那是一个飘着雪花的冬日傍晚，爱妮心情极其沮丧，因为她刚出生不久的儿子不幸夭折了，为此她整天埋怨丈夫，丈夫无法忍受，离家出走了。心灰意懒的爱妮在经过公司楼下那条河正想跳下去时，她突然发现了躺在篋篓里不停地啼哭的维娜。

“啊，多可爱的孩子啊！”爱妮知道，肯定是上帝可怜她，便赐给了她这个孩子。当她抱起小维娜的时候，小维娜竟然冲她甜甜地笑了。从此，爱妮断绝了自杀的念头，跟小维娜相依为命起来。是小维娜给了她买奶粉、奶瓶和小衣服的权利，更重要的是给了她做母亲的权利。虽然小维娜患有先天性心脏病，也尽管为小维娜治病，爱妮辞去了工作，还卖掉了房子，但是，小维娜却挽救了爱妮的生命。爱妮要感谢小维娜的到来，这是上帝赐给爱妮最好的礼物，让爱妮对自己早逝的儿子的爱，可以拐一个弯地来倾注在小维娜的身上。如果不是小维娜，爱妮很可能已经不在人世了，是小维娜给了爱妮第二次生命。

爱妮说，如果我不去抚养小维娜，肯定会有其他人抚养她，可是，如果我错过了与小维娜见面的机会，我将会失去更多。最终，爱妮拒绝了所有捐款，她觉得自己得到的要比失去的多得多，她不应该再要别人的捐助了。

有的人得到的很多，但他却觉得太少；有的人得到的很少，但他却觉得很多。得到和失去的多少，全在于你个人的感觉。就像人生的幸福与否，全在于个人的感受一样。

母亲的心

16 岁那年的我，最烦心的事就是，不管走到哪里，母亲都会跟在我的身后。我去上学，她跟着；去打球，她跟着；去登山，她也跟着。这给我带来了很多烦恼。

有一次，老师让我去黑板上完成一道数学题，由于我不太会做那道题，心里一着急，在上讲台的时候差一点摔跤。令人想不到的是，这时，母亲突然出现在我的面前，用自己的身子将我拦着，然后用一双敌视的眼睛望着老师，好像害怕我受到老师的伤害似的。老师和同学们都不解地看着我，老师问我这是谁。只见母亲一边用手抚摸着我的头发一边说："孩子，有我在呢，你别怕！"大家被我和母亲滑稽的"表演"逗乐了，只听"轰"的一声全班同学都笑了起来。原来，母亲一直站在教室外面看着我，一名 16 岁的学生还要母亲如此守护着，以后我还有什么脸面跟同学们一起上学？我羞愧得无地自容。

还有一次是我正在跟同学们打篮球，当一位队友将球传给我时，母亲又突然出现在我的面前，篮球结结实实地打在了母亲的身上，母亲顿时倒在地上半天爬不起来。我既生气又心疼。于是便埋怨母亲说："妈妈，您总是这样跟着我，就不怕同学们笑话吗？"母亲依然是那句话："孩子，有我在呢，你别怕！"我没好气地说："妈妈，您这是干什么呀，我好好地在上学，有什么好怕的呀？"可不管我怎么说，母亲还是一脸紧张地望着我，不停地重复那句话："孩子，有我在呢，你别怕！"

我觉得母亲实在不可理喻，以后出门，不管去哪里都要躲着母亲，明明要去学校的，如果发现母亲在远远地跟着，便中途拐到别的岔路上再绕道去学校；本来要去打棒球的，我偏要往去学校的路上走，然后绕道去棒球场。我的目的只有一个，那就是想尽办法甩掉母亲。

我的这一办法果然奏效，有好长一段时间，母亲没再给我"捣乱"了。时间过得很快，转眼又到了一年一度的春游时节，我骑上电单车准备跟同学们去野外烧烤。走时，我特意围着自己家的房子绕了几圈，走出小区，我还故意往相反的公路上骑去，再从另一个岔道拐回来，才放心地骑着电单车高兴地吹着口哨上路了。

一整天，我在外面玩得很愉快，甚至忘记了回家的时间，当太阳快落山时，大家才猛然想起，该回家了，于是各自骑着电单车匆匆地往家里赶。当我来到小区门口的公路上时，发现那里站满了人，公路上的车辆也连起了长队。我看到交警们围着一个人，那人像极了母亲。我心里一紧，莫非母亲出事了？

我几乎是哭着跑到母亲身边的，母亲站在公路中间，不停地挥着手，任交警怎样劝说，她都不肯离去。当她发现我时，突然冲过来，嘴里说着："孩子，有我在呢，你别怕！"原来母亲早上看到我骑电单车出去，便在后面跟着，结果被我给"甩了"，于是便在公路上站了一整天，只要看见公路上的车子便招手让它停下来。

由于一整天的折腾，母亲因严重脱水而进了医院。我将母亲在医院安顿好后，准备回家给她拿些换洗的衣服，结果却从一个木盒子里发现了母亲的病历单。原来母亲患阿尔茨海默病已经很长时间了，我只知道母亲的记忆力不好，没想到那居然是病魔给折磨的。木盒子里还有一本母亲的日记，从那上面的日期看，已经是两年前的事情了。因为父亲死得早，母亲除了对父亲的怀念，日记里写得最多的事就是关于我成长生活中的点点滴滴，比如我喜欢吃些什么，有什么爱好等。还提到了她的记忆力渐渐衰退的事，那时，她就几乎叫不出邻居们的名字，她最担心自己认不出她的儿子，更怕我受到伤害，于是后来的日记里全是我的名字……

合上日记本，我已泪流满面，我深深地为自己的自私感到愧疚。我对母亲的关心太少了，而母亲的心里却盛满了对我的爱，几乎没有了她自己的位置。

高人沃兹德

1956年的冬天，加州的阿特斯卡德罗镇好像比往年还要冷。大雪纷飞了一个礼拜才停下来。天气一放晴，我便穿上高筒靴，迫不及待地邀上几个小伙伴，一起跑到了沃兹德老伯的家里，要他教我们武艺。

那时我正好10岁，像我一般大的孩子们都特别崇拜电影里那些身怀绝技的人，并且幻想哪天突然碰上一位高人，将自己也变成一位武艺高强的人。我听隔壁的山姆大叔说，沃兹德老伯就是一位身怀绝技的人，喝醉了酒的山姆大叔一边迈着醉步一边跟我们这些孩子比画说："要是再倒回去20年，嗯嗯，别说是我们居住的小平房，就是再高的楼房，对于沃兹德来说，那也就像走平地一般自如。"听得我们一个个兴奋不已，可沃兹德老伯只会冲着我们这群毛孩子呵呵地傻笑，一点也不像电影里描述的那样神奇。

禁不住山姆大叔的煽动，我们缠着沃兹德老伯，要他教我们武艺。他却永远只会呵呵地傻笑，要不就摇头。这时，我们的父母就会大声地呵斥我们，让我们赶紧回家。尽管我们非常失望，但依然舍不得离去。只要一离开父母的视线，就忍不住要往沃兹德老伯家跑。

父母跟我们讲，沃兹德不是个好人。他坐过20多年牢，因为喜欢偷东西，有一次，正当沃兹德潜入一户富人家时，被主人发现了，沃兹德情急之下将主人刺伤，结果被判了刑。当他刑满出狱后，沃兹德的妻子带着女儿早已远嫁他乡，从此沃兹德便成了一个孤老头子。

镇上的大人从来不跟沃兹德说话，偶有小孩子在沃兹德家里出现，也会被父母大声叫走，生怕自己的孩子跟着沃兹德学坏。只有酒鬼山姆大叔时不时地会去沃兹德家里讨碗酒喝。沃兹德老伯的身上总是穿着那件皱得像抹布似的风衣，不是蜷缩在火炉边烤火，就是蹲在屋檐下晒太阳。与其说沃兹德老伯是一位身手不凡的高人，还不如说是一位浑身散发着脏臭味的乞丐。

小孩子们再也不缠着沃兹德要他传授武艺了，而是向他扔小石头和树叶取乐，就连最胆小的女孩子也敢跑过去扯一下沃兹德的山羊胡子。只有我坚信沃兹德是一位身怀绝技的人，只要我有足够的耐心，他一定会教我武艺的。于是，只要一避开父母的视线，我便会去找沃兹德老伯，让我苦恼不已的是，沃兹德老伯不是在打瞌睡就是在呵呵地傻笑，根本不将我们这些毛孩子放在眼里。

沃兹德老伯偶尔也会睁眼看看远方。沃兹德老伯的家门前有一条河，当他站在河边隔着河水眺望远方的时候，他就像一尊雕像一样一动不动，只有他身上的风衣会随风飘起，那神情像极了一位高人。每当这时，我便会站在沃兹德老伯的身后，静静地望着他的背影出神。看着看着，我竟然有了一种想哭的冲动。

在那个雪后放晴的黄昏，我就这样被沃兹德老伯的背影感动着，以至于忘记了回家吃饭的时间。也就是在那时，那条结了冰的河里传来了一阵喊叫声。原来是两个在冰河上玩耍的孩子掉进了冰窟窿里！

人们从四面八方往河里赶，包括前来喊孩子们吃饭的母亲们都跑到了河边。由于河面太宽，冰面被太阳晒化了，滑得很，再加上冰层太薄，给营救孩子们的大人增加了困难。10分钟过去了，20分钟过去了，半个小时后，那两个孩子还在冰窟窿里挣扎。

这时，只听山姆大叔大声地喊道："玛丽、西蒂掉到河里啦，快来救她们呀！"话音刚落，就见沃兹德老伯像一阵风似的飘到了河里，两个小孩得救了，但他们的名字不叫玛丽和西蒂，玛丽和西蒂是沃兹德老伯的妻子和女儿的名字。不幸的是，沃兹德老伯在将两个孩子救起来后，由于体力耗尽，再也没从冰窟窿里爬起来。

面对大河，全镇人哭声一片。哭得最伤心的是山姆大叔，山姆大叔边哭边说："老哥，对不起，如果我不叫出玛丽和西蒂的名字，那么这两个孩子就没命了，我知道，只有你能救他们！只是我没有想到，你那么高超的武艺，竟然禁不住岁月的消磨……"

这就是我10岁那年，亲眼见证的一位高人的故事。

藏在油条里的爱

20年前，一位四川女人带着一个4岁的小女孩，到广州寻找多年未归的男友。女人是位未婚妈妈，因为生活在一个贫穷的小山村，没有钱结婚，男友便跟她商量，让她在家里等着。等他在广州打工赚钱了，能够买下一套房子后，再跟她举行婚礼。她相信了他的话，并耐心地在家里等着他。可是，他这一去便没了音信，就算她愿意等，可是肚子里的孩子也不能等啊，于是她生下了女儿。他对此一无所知。就在女儿满4岁时，她决定带着女儿去找他。

女儿很听话，虽然生活艰难，但她从不抱怨。走在广州街头，母女俩饥肠辘辘，女人问女儿想不想吃油条。其实女儿不想吃油条，因为在家里时，她们天天早晨都吃油条，她早就吃厌了，现在她想进馆子吃肉吃鱼，吃米饭。可是，她知道妈妈的手里没有钱，至少在找到爸爸之前，她们只能吃街边那些廉价的油条。于是，女儿很高兴地跟妈妈说，她想吃油条。妈妈知道，女儿早就饿了。她让女儿在路边等着，自己去一家小食店给女儿买油条。

可是，等她买好油条回来的时候，女儿却不见了。望着来来往往的人们，急匆匆地从自己身边走过，却都是陌生的面孔，就是没有自己的女儿。女人急了，哭着满街找女儿，连那包油条掉在了地上，她都不知道。女人最终还是没能找到女儿，更没能找到那个负心郎。女人只得伤心地回去了，但她相信自己一定能够找到女儿，女儿肯定躲在一个什么地方，在跟自己玩捉迷藏的游戏。等她赚够路费后，她还会来找自己的女儿的。

从此，她爱上了吃油条，因为只有在吃油条的时候，她才能感觉到自己还跟女儿在一起，女儿还活在这个世界上。她没有哪一天不吃油条，也没有哪一天停止过想念女儿。20 年后的今天，那个贫穷的小村子里也通了电，并且家家户户有了电视机，还装了电话。于是，她天天晚上都要盯着电视看，只要是关于广州的消息，她便两眼放光，但每次看完电视，她都要失望地叹息好一阵。终于有一天，她看到了一则关于广州的新闻，新闻报道了一场炸油条比赛的情况，一个女孩获得了炸油条大王的称号，在记者采访女孩时，女孩的一番话引起了她的注意。

女孩对着镜头说起了自己的身世，说着说着便泪流满面。女孩说自己 4 岁那年在广州街头与母亲走失，当时母亲是去给自己买油条的。走散后的她四处寻找母亲，可是她没想到自己越走越远，不但没有找到母亲，她还碰到了坏人。她被坏人逼着去卖花，还当过乞丐，后来她逃了出来，给一家餐馆当洗碗工。由于她对母亲的唯一记忆便是油条，所以她学会了炸油条。她想，只要自己一直吃油条，她的母亲就会来找她的。令她没有想到的是，如今她竟然在炸油条上取得了成功，她不但炸得一手好油条，还开了好几家炸油条专卖店。虽然到目前为止，她还没有找到自己的母亲，但她相信，总有一天，她的母亲会来她的店里吃她炸的油条的。

女人是流着眼泪看完那则新闻的。她相信，那个炸油条的女孩就是自己的女儿。她终于打通了电视台的电话，并找到了自己的女儿。这便是母爱，人类永恒不变的爱的力量，所创造的奇迹。

成功需要一条这样的腿

他叫周辉，老家在河南新乡，因为家境不好，便跟几个老乡一起来广州打工。工作不好找，他们被一个有经验的老乡安排在一家面包店当学徒工。面包店只给他们发点生活费，不给工资。好歹有了个落脚点，比起那些流落街头的人，可好多了，于是几个人便安心在面包店里干活。

没过多久，附近一家酒店招保安，保安的月工资为1500元，大家都跃跃欲试，周辉也想去。不仅是因为家里需要钱用，而且他自己也想早点赚钱改善生活环境，出人头地。可是，酒店管招聘的人说，要退伍证，他们只招退伍军人。最终，只有一个曾经在部队服役两年的老乡应聘成功。老乡去酒店上班后，留下他们4个人在面包店里失落了很长一段时间，没办法，谁让他们没有退伍证呢。

又过了一段时间，保安老乡来面包店看望他们，并给他们带来了一个好消息，他们酒店的门童走了一个，现在急需要招聘一位长相不错，特别是个子高挑的人来当门童。4个老乡中又有一人应聘成功，留下周辉他们三个继续在面包店里当学徒工。

虽然面包店里的工作时间长且辛苦，更让人难以接受的是没有工资，但在没找到更好的工作之前，他们还得待在那里，至少有口饭吃。周辉尽管也苦恼，但好歹还跟两位老乡在一起，彼此有个照应，就觉得日子没那么难熬。可是，就是这样的日子也不长久，因为另外两个老乡也成功地应聘上了报社的送报员，人家报社管招聘的一看周辉个子矮小，而且一条腿走路时还有点跛，就坚决不要他了。尽管周辉一再央求，说自己肯定能行，可招聘员就是不肯要他：像你这个样子，连路都走不好，又怎么能骑自行车，怎么当好一个送报员呢？

周辉小时候在一次攀爬果树时不小心摔伤了腿，由于没钱医治，耽误了治疗时间，最终落下个残疾。虽然不妨碍行走，也不妨碍生活和工作，但走路时的姿势却不太好看，也只有像面包店这样的地方才肯收留他。

既然哪里都不要他，那就留在这里继续干吧，周辉在面包店里一干就是两年。这两年里，其他几个跟他一起在面包店里当学徒的老乡都寄钱回去了，多的寄了两万元，少的也有几千元，可是，他却一分钱也没寄回去过，为此，周辉的父亲还写信来询问，他是不是在外面学坏了，将工资全部花到不应该花的地方去了。

突然有一天，周辉接到了面包店老板的通知，说他已经不再是面包店里的学徒了，也算个小师傅了，应该拿工资了，每月除生活费外，还有 300 元的工资。尽管钱不多，但周辉还是很高兴，毕竟自己的劳动成果得到了他人的认可，另外还让周辉明白了一个道理，那就是只有学到一整套制作面包的技术，才有可能当上大师傅，也才有可能拿到更高的工资。于是，周辉在带学徒的同时，虚心地向大师傅学习。又过了 3 年，大师傅们要么跳槽，要么自己创业而纷纷离去后，周辉当上了大师傅，月工资 8000 元。

一转眼，周辉来广州也有 10 年了，现在，他已经拥有了自己的面包店，员工达 30 人，年获纯利近百万元。他依然会招收学徒工，像他以前的老板一样，不管来自何方，也不管是否有学历文凭，甚至对像他这样的残疾人还给予特殊照顾，但所给的工资不会低于广州的最低工资标准。

当初和他一起当学徒工的几个老乡，现在有的依然在酒店当保安，可早已经不是原来的那家了；还有的依然在给报社送报纸，也不再是原来的那家报社了。因为他们有条件，任何同类型单位都会招收他们的。可也正是因为他们有条件，不管跳到哪里都是新人，待遇依然没有得到预期的提高，反而还因为跳槽太频繁，没有多少积蓄。

周辉说，他要感谢他的那条腿，是那条腿让他断了跳槽或者转行的念头，让他专心做好了一件事情。人生并不是机会越多越好，而是能否把握好一个机会，坚持下去。俗话说：这山望着那山高。其实我们人人都需要一条这样的腿，当我们在这个山头专心做事情的时候，它会来阻止我们望向那个山头的目光。

第二章

幸运的蓝蝴蝶

幸运的蓝蝴蝶

16 岁的男孩洛德·莱斯突然关注起同桌的女生艾丽来。艾丽有着一头漂亮的长发，可惜总是被一只蓝蝴蝶发夹束缚着，洛德·莱斯想，如果没有那只发夹的束缚，艾丽的头发就会像瀑布一样地披散开来，那她一定会更加漂亮。

洛德·莱斯生长在一个单亲家庭，在他很小的时候，母亲就病故了，母爱对于他来说，是一张挂在墙上的冰冷而陌生的照片。只有照片上母亲那一头披散如瀑的头发让洛德·莱斯感到了一丝温暖。父亲的工作很忙，一天同他说不上几句话，于是洛德·莱斯变得很孤独，他甚至不想跟班里任何同学说话。他的学习成绩也不好，他的存在引不起同学和老师的任何注意。他自己都不知道，他整天在做些什么，想些什么。但是，奇怪的是，他突然就注意起了他的同桌女孩艾丽，她是个活泼开朗的女生，成绩也很好，和他完全相反的是，她是老师和同学们的目光焦点。是的，她是个人见人爱的女孩，几乎所有人都注意到她的时候，洛德·莱斯才开始注意她，可见他的目光是多么的迟钝。

也许是从注意到艾丽的时候起，洛德·莱斯的心里便不再空荡了，隐隐地有了一种寄托。只是洛德·莱斯很想看一看艾丽披着长发的样子，他不能直接对她说，只有在心里默默地想，那是他一个人的秘密。于是，他整天想着如果没有那只蓝蝴蝶发夹该有多好啊。上课的时候，他想着想着就走了神，他真希望那只蓝蝴蝶发夹会突然失踪，就像一只真正的蝴蝶一样飞起来，飞得越远越好。

那是一个自习课，同学们都在埋头看书。突然，洛德·莱斯看到艾丽边看书边慢慢地从头上取下了那只发夹，并随手丢进了自己的抽屉。艾丽继续低头看书，洛德·莱斯则用眼睛斜斜地望着她那一头慢慢披散下来的头发发呆，他已无心理会那紧紧捧在手里的书本。直到放学，艾丽似乎也没想到要用发夹重新将头发夹起来，而是像一只美丽的蝴蝶一样飞出了教室。当洛德·莱斯也准备收拾书包放学时，他发现了那只蓝蝴蝶发夹正静静地躺在艾丽半开的抽屉里。洛德·莱斯突然有了一种想将那只发夹藏起来的欲望，他希望艾丽永远披散着美丽的头发，像一只蝴蝶一样快乐地飞翔。

于是，洛德·莱斯悄悄地将手伸进了艾丽半开的抽屉，将那只蓝蝴蝶发夹飞快地拿出来并放到了自己的抽屉里。他没有想到，他的举动却被坐在他后面的一位叫罗克斯的同学看见了。罗克斯是个喜欢捣蛋的男生，洛德·莱斯曾经看到他在下课时用手去扯女生的头发，扯得女生们四处追着他打，罗克斯则边跑边笑，样子很可恶。最让洛德·莱斯生气的是，他还扯过一次艾丽的头发，艾丽当时没有说话，她只是用很冷的目光盯了罗克斯几秒钟，罗克斯以后就再也没敢扯她的头发了。第二天上课的时候，洛德·莱斯看到艾丽的头发果然披散着，而她则像一团暖暖的云彩般坐在洛德·莱斯的身边，他感到一团温暖的火焰正在慢慢将自己笼罩。

上课没多久，坐在洛德·莱斯身后的罗克斯突然将手高高举起。老师停住讲课，不解地问罗克斯："你有什么问题吗？"只听到罗克斯清晰地说："我要举报洛德·莱斯同学。"老师问："洛德·莱斯同学怎么啦，你举报他什么？"罗克斯有些得意地说："我亲眼看见他偷了艾丽同学的发夹，是一只蓝蝴蝶发夹。"这时，全班同学都将目光集中在了洛德·莱斯和艾丽的身上，艾丽下意识地用手摸了摸自己的头发，洛德·莱斯则尴尬得满脸绯红。老师接着问罗克斯："你有什么证据吗？"显然，老师不想将这件事情闹大，但罗克斯却飞快地从后面将洛德·莱斯推向了一边，并拉开他的抽屉将那只蓝蝴蝶发夹拿了出来。老师和同学们都被这一幕惊呆了，洛德·莱斯更是羞愧得只想找个地缝往里钻。就在老师想问洛德·莱斯是怎么回事的时候，艾丽突然站起来大声说："那只发夹不是洛德·莱斯同学偷的，是我放的。"同学和老师们更加惊讶了。特别是老师，他想到的问题更深远些，一个女同学，为什么要将自己的发夹放在一个男同学的抽屉里呢？就在老师想将他俩叫去自己的办公室问个清楚的时候，艾丽又说话了："是我放错了，我们的抽屉挨在一起，我随手一丢，谁知道竟丢到了他的抽屉里。"说完，她拿起发夹就别到了头发上。

这时老师和同学们都松了一口气，原来是一场误会。罗克斯也很没趣地坐回自己的位置，继续听老师讲课。吓出了一身冷汗的洛德·莱斯不知道艾丽是真的以为自己放错了还是想帮助他，在以后的日子里，他的成绩更加糟糕，为此老师几次找他谈话。后来老师想了个主意，就是将班里的同学分成两个组，一组是成绩好的，另一组是成绩差的，然后以一带一的方式希望能提高差生的成绩。艾丽当然分在了成绩好的那组，而洛德·莱斯理所当然是名差生。洛德·莱斯没想到艾丽竟然点名要为他辅导功课。从此，洛德·莱斯有了跟艾丽说话的理由，他们不但同桌，而且天天可以很亲密地在一起学习功课。洛德·莱斯感到自己很幸福，成绩也明显地提高了。

更让人惊奇的是，仅仅一年时间，洛德·莱斯的成绩便突飞猛进，成了全年级的学习尖子，并在全州物理竞赛中得了第一名。可是，洛德·莱斯心里却一直深感愧疚，他觉得自己应该向艾丽忏悔，向老师和全班同学忏悔，因为那只蓝蝴蝶发夹确实是他拿的，而不是艾丽放错的。做一个诚实的人对他来说比什么都重要。他终于走进了老师的办公室，当他鼓起勇气向老师说出事情的真相时，老师只是哈哈地笑着说："没有的事，像你这么好的学生怎么可能做出那样的事呢。"老师说什么也不肯相信。洛德·莱斯还是决定告诉艾丽。

他将艾丽约到了校园后的池塘边。艾丽听完洛德·莱斯的忏悔，轻轻地从头发上摘下那只蓝蝴蝶发夹交到洛德·莱斯的手里。艾丽说，她也生长在一个单亲家庭。母亲病故的那年她才 10 岁，那只蓝蝴蝶发夹就是母亲送给她的，母亲说那是一只幸运的蓝蝴蝶，它会保佑她平安幸福的。现在她将它送给洛德·莱斯，也将母爱分一些给他，希望他也一生幸福，而那只蓝蝴蝶发夹便是他们共同的母亲。她还说，虽然他们都失去了母亲，但母爱却无处不在，太阳的光辉能够照暖身体，但母爱却能温暖心灵，只要不放弃理想与梦想，只要做一个上进的人，你的心灵便总是温暖的，这时，母爱就藏进了心里。

洛德·莱斯突然间感到心里暖乎乎的，他说，是的，我的母亲也一定希望我做一个上进的有理想有梦想的人。最后，他们相约，在母爱的温暖下，他们要共同努力，考进同一所大学。

亲吻手机

每天晚上临睡前，妻子都要求我给她一个吻，她也照例回我一个。理由是，人家美国人都是这样的。妻子和我都在外企工作，也都有美国同事，虽然我没与美国同事交流过除工作以外的事，但因妻子说得有理有据，也没表示过怀疑。于是结婚一年来，我临睡前给她的吻与她回我的吻从未间断过，就是偶尔忘记，妻子也会提醒我。

因为公司要将我调去美国工作一段时间，而且事先没有通知我，走得也匆忙，只是跟妻子作了简单告别，就登上了飞机。下飞机时已是中午 12 点，我跟在秘书的身后走进了办公室，公司里很多员工都在准备下班，一片忙碌过后的清闲。这时，我的手机响了，是妻子打来的。妻子的声音很小，我听不清她在说什么，可能是信号不好，我走到靠窗的位置。

我听到妻子说，她要睡觉了。我说，是该好好睡个午觉。妻子再次说她要睡觉了，她的声音依然很小，我想，她很可能也听不清楚我的声音。于是，我大声说："你睡觉吧。"妻子再次提醒我："我要睡觉了，你的吻呢？”我说：“问，什么问呀，我什么问题也没有。”

妻子显然生气了，说：“可是你还没有吻我呀。”这次我是清清楚楚地听到了，因为信号一下子好了，妻子的声音非常清晰。我这才猛然想起我竟然忘了时差，此时妻子那边正好是午夜呢。我几乎是没来得及考虑，便对着手机响亮地亲了一口，同时，我也听到了妻子的亲吻声。当我亲完之后，才发现全公司的美国员工都在看着我，我红着脸想解释什么，可没等我开口，所有人都哄堂大笑了起来。

后来，秘书开玩笑地说：“你们中国人还挺浪漫的呢。”我睁大了眼睛：“难道你们美国人没有在临睡前亲吻妻子的习惯吗？”我感觉好像被妻子骗了。秘书先生耸了耸肩说：“我可不敢当着那么多人的面亲吻手机。”

虽然刚到美国便闹了个笑话，但我心里却甜蜜蜜的，缘于妻子打越洋电话索要的那个吻。尽管亲吻的是手机，但却像亲吻在妻子的脸上一样温暖。只是，在以后的几天里，我再也不敢当着那么多人的面亲吻手机了。

意想不到的回报

19岁那年，他一个人从老家潮州乡下跑出来闯广州。因为人生地不熟，工作又不好找，很快，他便将可怜的一点盘缠花得精光。怎么办？如果再找不到一份能够填饱肚子的工作，那他非得饿死在街头不可。

他想，哪怕是讨饭也不能回老家去过那种面朝黄土背朝天的日子。他在一条小街上徘徊了很久，终于鼓起勇气走进离自己最近的那家饭馆。

当他正准备开口说："老板，您只要让我吃一顿饱饭，我愿意给您做事，洗碗拖地，打扫卫生，什么脏活重活都行。"可是，那家饭店的老板一看他的样子，就马上挥手将他轰了出来。

没办法，他只得往第二家去碰运气。这次，他刚开口说了句："老板，您只要让我吃顿饱饭……"话还没说完，结果又被人家给轰了出来。他吸取教训，肯定是他犹豫不决的样子，让人误会自己是个坏人。因为他年纪轻轻，四肢健全，哪里像个乞丐嘛！

最后，只剩下一家了，那家饭店里好像没有男人，是一个40多岁的女人开的。因为店太小，生意也不怎么好，老板娘既是厨师又是服务员。也许是感觉到女人弱小好欺吧，他没再像上次那样找人家讨饭吃，而是像一个食客一样大大方方地坐到了饭桌旁。老板娘很快便给他端上来一盘菜一碗汤，还有一大碗米饭。

对于已经快一天没有吃东西的他来说，这桌饭菜比山珍海味还可口。很快，他便如风卷残云般将饭菜吃了个精光。吃完了饭，他还端着盘子不肯撒手，为什么呢？因为吃完饭就得给钱，他哪有钱给人家呀？老板娘跑过来好几次，问他是不是还需要点什么，他只是一个劲地摇头。

终于，老板娘跑到别的桌上去了，他趁机拿起自己的破包撒腿就往外跑，跑出了好远，他才敢回头看一眼。可是，后面并没人跟过来。虽然他的心渐渐地平静了下来，不再担心有人找他麻烦了，但他并没因此感到高兴，反而像有一种什么东西在隐隐地搅得他不得安宁。他知道，那是良心的煎熬，如果不将那顿饭钱挣回来还给那个老板娘，他的心里一辈子都不得安宁。

第二天，他终于在附近的一个工业区里找到了一份工作。一个月后，当他拿着那顿饭钱要交给饭店老板娘的时候，老板娘竟然一脸的不解，他仔细地向老板娘讲述了当时的情景。可是老板娘还是一个劲地摇头。怎么办？她就是不肯收下自己的那顿饭钱！终于，老板娘“啊”地叫了一声说：“我想起来了，我是记得有那么个人，跟你也长得挺像，吃了饭后就往外面跑，我还以为是赶公交车呢。”他高兴地说：“那您就收下这顿饭钱吧！”

老板娘说：“不，我还是不能收，因为我只记得你从饭店里跑出去，却不记得你没有给饭钱。”最终老板娘还是没有收下那顿饭钱。虽然只有区区几元钱，但却像一座山一样压在他的心上。他决定，无论如何，自己都得还上这个人情债。他一边发奋自学业务，一边努力工作，几年后，他便升为了厂里的生产主管。这时，他想自己报恩的机会来了，他将厂里的职工餐全部交给了那家饭店的老板娘来做，当然，他自己不出面。很快，那家几乎快要倒闭的小店活了起来。

又是几年过去了，他当上了这家工厂的厂长。而那家小店也变成了酒楼，附近其他几家小店却纷纷倒闭了。他当上厂长后，不但将所有工人的工作餐全都交给老板娘来做，只要是生意上的客人，他都往那里带。现在，他成了有名的企业家，而那家小店也成了大酒店。而这一切，小店的老板娘却毫不知情。

他就是民营企业家李再延，这是他在一次做客当地电视台经济论坛时，给观众讲述的关于自己的一段亲身经历。

讲完后，主持人对李再延说：“那家小店的老板娘真幸运，碰上了你这么个好人，如果她知道了这一切，她肯定会感谢你的。”李再延却说：“不，要说感谢，也得我感谢她才对。因为这些年来，我完全是以她那种为人处世的态度，来经营我们工厂的。我的人缘之所以这么好，工厂的生意之所以这么旺，完全是她教会了我做人做事的道理。因为她用自己的行动告诉了我：每一个不求回报的人，都会得到更好的回报的！”

请让我和你一起承担风雨

尽管在我6岁那年，我的爸爸便去世了，可是，我却从没缺少过父母的爱和关怀，因为我的继父对我很好。他在密苏里州开了一家公司，收入不错。自从他来到家里后，我们一家三口便再也没有分开过。可是，最近，父亲却竟然有一个礼拜的时间没有回过家了，这让16岁的我很不习惯。

母亲说，父亲去纽约参加政府的一项重要工作，保密性很强，所以他不能经常回家跟我们相聚。我听母亲这样说，立即来了兴致，我说，父亲是不是当上了便衣警察？那可是我最崇拜的职业！

母亲含糊地说，可能是吧，总之你一定要替他保密哟。虽然我从母亲的眼睛里看出了忧郁的神色，但我依然对父亲的工作深信不疑。我沉浸在一种莫名的兴奋中，以至于母亲说，父亲为此还将他在密苏里州的公司卖了，我也没怎么在意。

可是，我还是不小心将父亲的事情在学校里说了出来，那是一次棒球赛上，同学们都有父亲陪着，可是所有同学都见不到我父亲的踪影，我一着急便说我的父亲是一名便衣警察。一位同学立即反驳，说他的父亲也是一名便衣警察，并说当警察一定得从警校毕业才行，一位开公司的老板是不可能被准许当警察的。我无言以对。

晚上回到家里的时候，我的母亲正在偷偷地抹眼泪。一见我便神色慌张地掩饰，说她的眼睛里可能进了沙子。看见母亲似有难言的苦衷，我没有再问。可是，晚上当我起来上洗手间的时候，发现母亲又在偷偷地哭泣。父亲已经三个月没有回家了，就是再没有时间也得给我打个电话吧。重重疑云将我的心里塞得满满的。更让我不能理解的是，已经当了多年专职主妇的母亲竟然会去餐馆打短工，而我们的经济也一下子紧张了起来。

从母亲那里，我无法得知父亲的真实情况，因为她总是瞒着我，让我放心读书，说一切都会好起来的。我终于在一个晚上拨通了一家电台的心理热线。主持人告诉我：一个男人突然离家三个月，而女人又常常偷偷地哭泣，家庭经济也一下子拮据起来，唯一可以解释的便是那个男人有了外遇！

什么，我的父亲有了外遇？虽然我不相信这是真的，但种种迹象表明，父亲完全有可能是有外遇的。难道他不想要一个自己的亲生儿子？说不定他早已跟母亲离婚了，他们只是想瞒住我一个人而已。

就在我疑惑不已的时候，我收到了父亲寄自纽约的信。那确实是父亲的笔迹，我再熟悉不过了。父亲让我一定要听妈妈的话，好好读书。我跟母亲说："父亲给我写信了您知道吗？"母亲说："哦，是吗，他怎么说的？"我说："他让我听您的话，一定要好好读书。"母亲说："是的，你要听话，一定要好好读书。"

可是，我却再也不希望这样被他们瞒骗下去了，我背着母亲顺着父亲来信上的地址去了纽约。我要将父亲的行径揭露出来，让母亲看看他的真实面目。在繁华的纽约城里转了好长时间，我才在一个偏僻处找到了那个门牌号。一看就不像政府部门的房子，我的父亲一定是在这里跟他的情人过上了美好的日子吧。

开门的人并不是父亲，而是一个打扮得挺时髦的女人。这个女人虽然和我母亲的年龄差不多大，可是由于会打扮，比我的母亲迷人多了，怪不得父亲这么迷恋她！我的眼泪终于涌了出来，我突然不想见父亲了，我害怕自己控制不住会跟他打起来，我转身逃走了，那封信也像一片伤心的落叶从我的手里飘了出去。那个女人诧异地捡起地上的信，突然朝我喊道："迈迪尔，是你吗？"我停了下来，她居然知道我的名字。

原来，那个女人是我母亲多年前的一个朋友，父亲的信就是母亲让她转寄给我的。可是父亲为什么不直接将信寄给我呢？半年后，这个谜底终于揭晓了。

原来父亲的公司因为经营不善破产了，由于资不抵债，父亲不但要还一大笔债务，还要被判入狱半年时间。本来父亲是不想让我知道的，他害怕影响我的学习，父亲还说，他最怕的是在我面前丢了脸面。

出狱后的父亲对我说的第一句话便是："迈迪尔，我的孩子，爸爸对不起你，没有好好照顾你和你的母亲！"我说："爸爸，请让我跟您一起承担风雨吧，不管今后的路有多难走，我都会扶着您一起坚强地走下去的！"我的母亲和父亲显然没有料到我会说出这样的话来，一时怔在那里不知所措。母亲说："孩子长大了，真的长大了，知道替父母分忧了！"父亲突然紧紧地将我抱在了怀里，我感觉到他的眼泪滴在了我的脸上，他激动地说："迈迪尔，我的好孩子，谢谢你，谢谢你给了爸爸支持和力量，爸爸一定会坚强起来的！"

我第一次看到父亲如此激动的哭泣，也是第一次看到他如此欣喜的笑容。他不知道，其实我并不是个只知道从他那里索取爱的孩子，渐渐长大的我也希望能够和父母一起面对生活中的所有困难，这才是我真正所需要的！

一个穷孩子的善心有多重

他的父母都是苏北农村的贫苦农民。他从1968年出生到1978年，整整10岁了，都还没吃过肉，甚至没有吃过一块完整的馍、一张完整的饼。由于家境贫寒，他的一个哥哥和一个姐姐竟然被活活饿死了。

可是，令他很不理解的是，他的父母还要将自家的粮食拿去接济别人。8岁那年，他的弟弟出生了，他的母亲本来奶水就不足，可她还要帮助同村一个奶水更少的母亲哺育孩子。当他问母亲为什么要这样做时，母亲说："因为你小的时候，妈妈的奶水不足时，你也吃过别人的奶。你要记住，我们虽然穷，但也要尽自己所能，去帮助那些比我们更需要帮助的人！"

就这样，父母的善良在他的心里种下了慈善的种子。小小年纪的他立下志愿，等自己长大后赚钱了，一定要帮助更多需要帮助的人。

10岁那年，他利用中午放学时间，用两个5公斤重的桶从三四十米深的井中提出水，用小扁担挑到离家1.5公里的集镇上卖，一分钱随便喝，每天能赚个两三毛钱。开学的时候要交书本费，也就一块八毛钱，但他听说邻居家的孩子还没有钱交书本费，就去学校帮他把书本费交了。这是他第一次拿自己赚的钱去帮助别人，同时，他也品尝到了帮助别人的快乐和甜蜜。从此，他便没有间断向有需要的地方捐款捐物，有人不解地问他：“你自己都不富裕，就算捐尽了家产，又能够帮得了多少人呢？”他说：“我就是想证明，一个穷孩子的善心究竟有多重！”

三四年过后，他的生意升级，17岁成为家乡远近闻名的少年万元户，28岁创立了他人生的第一个公司——南京金威利电子医疗器械有限公司。2000年，他组建的江苏黄埔再生资源利用有限公司，致力于再生资源利用和新型材料制造等朝阳产业，使他的事业再上台阶。不过，他真正引人注目的，并不是这些颇具传奇色彩的创业经历，而是他持之以恒地在谱写着新时代“爱”的华章。

论财富，他并不是中国最富裕的人，甚至连南京首富都够不上，比他有钱的人随便都能说出一大排，但是近10年来他累计捐赠到位款物超过6亿元，仅2007年就捐赠1.81亿元，数额之大列为首位，成为名副其实的“中国首善”。他就是陈光标。2008年5月23日清晨，陈光标从成都市赶往绵阳向灾民发放救灾物资时，在绵阳市九洲体育馆安置点，他遇到了前来看望恢复上课师生们的温总理。

“我知道你，你是有良知、有感情、心系灾区的企业家，我向你致敬。企业家不但要有经营的理念，还要有爱心、有灵魂。谢谢你们！”总理紧紧握着陈光标的手，一字一句深深温暖了陈光标的心。

陈光标经常这样跟别人说：“如果你有一杯水，你可以独自享用；如果你有一桶水，你可以存放家中；但如果你有一条河，你就要学会与他人分享。”

眼含爱意地工作

我和弟弟迈克是孪生兄弟，他虽然只比我晚出生 5 分钟，但智商却比我小至少 5 年。从幼稚园到大学，几乎都是我在照顾他。小时候，父母给他的零花钱常常被他的同桌骗去买比萨饼吃。于是，在我的一再要求下，老师终于同意我跟迈克同桌，因为有我在迈克身边，迈克原来的同桌便再也没有骗过他的零花钱。

有一次，迈克的零花钱又被街头的几个小混混骗走，我追了几条街，最终将那几个小混混狠狠地揍了一顿，从此不管是校内还是校外，都知道迈克的哥哥约翰是个不好惹的角色。父母常常会欣慰地对我们说，幸亏有约翰哥哥的照顾，不然迈克便要遭受他人的欺负了。为此，我很是得意，对弟弟迈克的照顾也更加尽心尽力。

上大学后虽然没人骗迈克的零花钱了，但他对谁都是一副乐呵呵傻乎乎的样子，总是让人担心他一不小心就会上了别人的当。在即将毕业的时候，我又开始担心，迈克会不会找不到工作。虽然他的成绩还不算太坏，但从 20 世纪 90 年代中期以来，美国就业市场就一直不景气。美国经济不景气，失业率上升，大批南美移民涌入又进一步冲击了美国的就业市场。不要说大学毕业的本科生，就是硕士生甚至博士生也不好找工作。像迈克这样思维不活跃，脑子一根筋的人，找工作更是难上加难。于是想着，我最好还是和迈克进同一家公司，这样我也好继续照顾他。我们的运气还算不赖，不久，我们就顺利地进入同一家公司。尽管这样，我还是对迈克的表现有点不满，原本我们在家时谈好的，我们要求的薪金不得低于每月2000美元，可是，当招聘办主管询问我们对薪金的要求时，他竟然想都没想地说："2000美元。"招聘办主管很得意地笑了笑说："OK，我一定满足你们的要求。"事后，我才知道，很多和我们一样工种的员工都拿着每月3000美元的薪金。

鉴于迈克的种种表现，我断定他有点弱智，于是我对他更加担心起来。在人际关系异常复杂的写字楼里，他会不会被人欺负？每天，当我下班时，迈克还在办公室里低头忙碌着，我不明白他究竟在忙些什么。我以为迈克的脑子笨，自己的工作完不成，于是想帮一帮他。可是，渐渐地，我发现，迈克的桌子上每天都堆了一大堆文件，那些文件居然都是其他同事应该完成而未完成的工作。也就是说，迈克一直在帮别人工作！

我觉得不可思议。于是，我嘱咐迈克，以后不要再接同事们的文件了，要懂得保护自己。迈克似懂非懂地点了点头，但每当同事们将自己未完成的工作交给他时，他依然笑呵呵地接过来。迈克真是笨到家了，我气呼呼地拿眼望着那些想占迈克便宜的同事。由于我的介入，那些同事从此不敢再将自己的工作交给迈克了。

突然，一场金融风暴席卷了美国，公司也受到了前所未有的打击。裁员的风波如海里的暗流在公司内部涌动。我想，如果公司裁员的话，第一个便会是迈克。要想保住迈克不被公司辞退，便得有其他人做出牺牲。从同事们的眼睛里，我感觉到了，人人都带着十二分的警惕，生怕自己有缺点被别人抓住了，同时又在极力收集别人的缺点。因为公司规定，凡裁员，都要经过集体投票决定，如果得不到足够的赞成票和得到了过多的反对票，那么那人就极有可能被辞退。

出乎意料的是，最终公司共有5人被辞退，我就是其中之一。而迈克却不在其中。当然，我很希望迈克不在其中，这让我很欣慰，为了迈克，我做出了很多努力，所幸，努力没有白费。可是，我不明白，我为什么会遭到辞退。

为了做到对每一位员工的公正处理。公司公布了所有赞成票和反对票上的理由。我的名下写着：该员工一直在眼含敌意地工作。迈克的名下写着：该员工总是眼含爱意地工作。

我恍然大悟，原来我并没有为迈克做什么，是他自己帮助了自己。而我则是败在自己的眼睛里。眼睛是心灵的窗户，在学校里的时候，公共关系课的老师便讲过，一个人要想赢得他人的笑容，首先得给他人笑容；一个人要想得到他人的真诚相待，首先得真诚待人。于是，在以后找工作的日子里，我决定向迈克学习。

欠我一句话

有一位表演艺术家，在功成名就之时，被电视台邀请去做了一档访谈节目。与表演艺术家一同受邀的嘉宾有他以前的同事、朋友、弟子、热心观众，还有他的妻子。在主持人声情并茂的讲述下，我们知道：他不但艺术成就极高，得过不少奖项，在同行中可谓德高望重。重要的是，他的家庭和睦、子女孝顺，更是令人羡慕。

在艺术家的朋友、同事以及他的弟子和喜爱他的观众都发表了意见后，主持人突然问他的妻子，像他这样一个近乎完美的人，作为他的妻子，感受应该比其他人更加深刻，也请她谈谈自己的丈夫。

令所有人没有想到的是，他的妻子突然对着话筒大声说了句：“我恨他！”这一句话不但让现场的观众吃惊不小，就连经验丰富的主持人，也吓了一跳，一时间竟然不知道该如何将谈话进行下去。于是，主持人只得硬着头皮请他的妻子谈谈，她为何恨他。

她的表情慢慢地发生了变化，眼神里真的涌出了恨意。似乎又回到了过去那些令她不愿提起的日子。她说：“那个时候，孩子们还小，他只知道每天满世界去演出，一年在家里待不了几天。平时还好，一遇上孩子生病，就麻烦了：我一边要上班，要照顾老人，一边还要抱着孩子往医院跑，有时候，就是半夜下着大雨，也得送孩子去就诊。特别是小孩2岁那年，因为是急性肺炎，医生让我将孩子他爸叫回来，让他在手术单上签字，说孩子很有可能就没了……”

现场的观众寂静无声，都睁着大眼静静地盯着她，等待着她的下文。她接着说：“我说，孩子他爸还在外地演出呢，就让我签字吧。所幸，孩子平安地度过了危险期。那个时候，我是多么恨他啊，我恨他为什么不在我的身边！”

观众席上一阵骚动，主持人也许害怕他妻子的话对他的名声有所伤害，便试图打断她的话。可是，她已经一“话”不可收拾：“还有他的老父亲，我的公公，在一次病危时，也是我在医院的手术单上签的字。我恨他，真的恨他，好几次我都想，等他回来了，我要不就大骂他一顿出口气，要不就干脆跟他离婚算了。可是，每当他一回到家里，看着他疲惫不堪的样子，我又不忍责备他了。转眼40年过去了，我甚至从来都没跟他说起过。”

这时，主持人终于松了一口气，并转而将话筒对准了他。没想到他早已是老泪纵横，像一个受了委屈的孩子似的呜呜地哭出了声：“老伴儿，你怎么不早一点跟我说这些啊，如果你今天不说出来，我还以为你一直过得很幸福，对我很满意呢。我真的是对不起你啊，今天，当着所有观众的面，我要郑重地对你说一声对不起。”

他的一声对不起让她泪流满面，面对他的泪眼，她说：“我今天之所以要说出来，是因为我想亲耳听到你对我说一声‘对不起，辛苦了’的话，这40年来，你不欠我别的，就欠我这一句话！现在我决定原谅你了。”观众席上瞬间一片哭声，随后是一片掌声。

是的，我们总是对自己的亲人、身边的爱人的关心和付出漠然置之，认为那是应该的，没想到他们也有委屈，他们也需要你的安慰和关心。如果有可能，就请早点对他们说一声“对不起，辛苦了”吧。

爱的记忆

家住美国新墨西哥州的帕丽丝，是一位单亲妈妈，她跟儿子克里弗相依为命。对于一个工作不稳定的女人来说，还要照顾一个孩子，生活的艰难可想而知。由于要照顾儿子，她四处兼职，因为没有哪家公司会长期雇用一位带着孩子的女人。

当帕丽丝好不容易将儿子克里弗拉扯到6岁，生活上基本可以自理的时候，她想这下她可以找一份稳定的工作了。令她没有想到的是，她仅仅是加了一个夜班，她的儿子克里弗便因外出找她而走丢了。现在克里弗已经失踪整整一年了，在这一年里，帕丽丝无时无刻不在想念着儿子，寻找着儿子的下落。

一天傍晚，刚刚下班的帕丽丝又像往常一样在大街上张望，她幻想着儿子克里弗会突然出现在她的眼前。就在这时，一名劫匪已悄悄地出现在了她的面前。劫匪拿枪指着帕丽丝的额头，命令她将她的手提包交给他。帕丽丝不肯，她的手提包里不但装有她这个月的生活费，还装着她的所有证件，更重要的是还有一张她儿子克里弗的照片。

帕丽丝望着劫匪狰狞的面孔，将手提包紧紧地抓在手里哀求道："请您行行好，让我将我儿子的照片拿出来好吗？"劫匪极不耐烦地伸手过来抢夺帕丽丝的手提包，由于劫匪担心僵持下去会对自己不利，所以在抢包时用力过猛，致使帕丽丝被重重地摔倒在了地上。当警察赶到的时候，劫匪已经消失在茫茫的夜色之中了。

帕丽丝的脑部因为与地面撞击过重，而陷入了昏迷状态。几天后，帕丽丝终于醒了过来，可是她的脑子受损，记不起来她自己是谁了。由于帕丽丝的手提包被抢，她的身上没有任何能够证明她身份的证件，现在，如果要破案的话，首先得让帕丽丝恢复记忆，因为只有她才知道劫匪的模样。在警察和医生的共同努力下，帕丽丝似乎听明白了警方的意思。警方马上找来绘图员配合帕丽丝用电脑绘制劫匪的头像。

经过反复修改后，头像终于绘制出来了。可是，令人们吃惊的是，那个头像看上去就像个六七岁的孩子，难道那名劫匪是一个只有六七岁的孩子？既然头像是根据帕丽丝的描述所绘，那么，警方就有义务找到这个头像上的人。

当警方将一个六七岁的男孩带到帕丽丝的面前时，她突然与那个小男孩紧紧地拥抱在了一起，并放声大哭了起来。这时，帕丽丝也奇迹般地恢复了记忆。原来，这个小男孩便是帕丽丝的儿子克里弗。在帕丽丝陷入深度昏迷，甚至失忆的时候，她的脑海里想的不是劫匪，而是她的儿子克里弗。尽管她不知道这个人是谁，她只不过是下意识地将保留在自己脑海深处的图像描述了出来而已。在场所有人的眼睛在那一刻，都盈满了热泪。

所以，人们得出结论：能够让人深深记住的，不是恨，而是爱。

我必须回去一趟

每天早上，父亲都会由秘书开车送他去阿纳海姆镇上班。由于前一天晚上父亲跟一个久未见面的老朋友在一起喝了不少酒，比平时回来的晚了些，第二天早晨，当秘书将车子停在我家楼下时，父亲才匆匆地洗漱完赶去上班。其时，我正好要去阿纳海姆镇办一点事，便决定坐父亲的顺风车。

当车子开到半路的时候，父亲突然一拍脑袋说："糟糕，我忘记了一件事，我必须回去一趟。"我问父亲："是忘了公文包吗？"父亲说："不是，比公文包重要得多，我必须回去一趟。"秘书将车子停下来，有点为难地说："可是，今天还有一份重要的合同等着您签呢，如果迟到了的话……"我见父亲一脸焦急的样子，便说："您究竟丢下了什么，还是我替您回去一趟吧。"父亲的神色变得异常凝重，十分坚定地对秘书说："快，将车子调头，送我回去。"

车子刚刚停稳，父亲就急匆匆地跳了下去。我奇怪地发现，母亲竟神情忧郁地站在家门口。当看到父亲匆匆地向她跑过来时，她突然像个孩子一样扑进父亲的怀里哭了起来。父亲轻轻地捧起母亲的脸，然后轻轻地在她的额头上吻了一下说：“亲爱的，对不起，由于走得匆忙……”母亲用手捂住父亲的嘴，说：“亲爱的，我知道，你肯定会回来的，20多年了，你每天早晨都要吻了我再走的，从来没有忘记过……”

父亲在我和秘书惊讶的目光中吻别母亲后，才一头钻进汽车，朝秘书挥了挥手，示意他开车。路上，我不解地问父亲：“难道就不能等到晚上，您晚上不是还要回家的吗？”秘书也不失时机地说：“如果再晚一些的话，我真担心那份合同签不成了。”父亲此时的眉头舒展了许多，但目光里依然透着坚定地对我说：“对于我们来说，确实是这样，但对你母亲则不同，从现在到晚上这段时间里，她会一直为我担心的，我知道，跟我签合同的公司还会有很多，但我的妻子却只有一个。”

我突然感觉自己被一种浓浓的情感包围了，20多年来，我像是第一次认识并理解了父亲和母亲，在平淡生活中透露着的那份伟大的爱情。

永不褪色的证据

隔老远，哈里森就看到父亲进了院子。哈里森知道父亲下班了，于是赶紧开门，并将一杯水端到了父亲面前，说："爸爸，您辛苦了，喝杯水吧！"哈里森的父亲杰克逊，冷冷地看了儿子一眼，说："谁让你给我端水了？作业做完了吗？"

哈里森说："早做完了。"杰克逊一把接过哈里森的水杯，猛地将水倒进了洗手间，然后重新倒了一杯，边喝边问："那么，你就不会给妈妈分担些家务？"哈里森说："家务全做完了，饭也做好了！"

"嗯！"杰克逊似乎比较满意，但依然板着脸，说，"将你的试卷拿来让我看看！"哈里森赶紧拿来试卷，双手递给父亲。试卷上全是A。看来，杰克逊实在挑不出儿子的毛病了！突然，杰克逊像是想起了什么，说："那你就做20个俯卧撑吧！"哈里森说："今天已经做了20个！"杰克逊说："那就再做20个！"哈里森哀求道："爸爸，您就让我陪您坐坐好吗？您每天这么忙，好长时间不回家，我想跟您说说话！"杰克逊说："你还是先去做20个俯卧撑吧！"

哈里森终于哭着跑开了，他不是害怕做俯卧撑，他是受不了父亲对他的态度。哈里森哭着对母亲说："妈妈，我肯定不是爸爸的儿子，对吗？"哈里森的母亲玛莎，心疼地摸着哈里森的头，说："好儿子，你怎么能这么想呢？"哈里森哭得更凶了，说："我觉得爸爸根本就不爱我！"

玛莎说："孩子，爸爸一直都是爱你的，只是现在你还小，体会不到爸爸的爱，等你长大些就知道了！还有，以后不准这样说你爸爸！"哈里森觉得自己已经不小了，他都12岁了，已经是一个小男子汉了！他不明白，为什么母亲也要替父亲说话，以后，他确实没再说过爸爸不爱他这样的话，但他将这句话装进了心里。从此，他再也不给爸爸开门、端水，更不跟爸爸讲话了。他甚至连看都不想看爸爸一眼，反正他在家的日子也不多，就是偶尔回家，他也要刻意躲着父亲。他觉得，如果爸爸永远不回家，他也不会想他的！

可是，令他奇怪的是，父亲竟然也不理他。只要父亲看不到他，他就不会问他有没有做作业，问他要试卷，更不会要求他做家务，或者做俯卧撑！他对父亲慢慢地从恨变成了漠视！

转眼，哈里森18岁了。一天，父亲突然兴致勃勃地对他说："哈里森，我的孩子，今天我想带你去游乐场，或者动物园好吗？"哈里森奇怪地看着父亲，说："您没有搞错吧？我都18岁了！已经不需要家长领着去游乐场和动物园了！"

杰克逊说："孩子，可是，我答应过你的，一定要带你去的！"哈里森吼道："太晚了！那已经是很多年以前的事了，我不明白，您为什么现在才想起来！"

杰克逊说："对不起，孩子，对于你来说，这确实是有点晚，但是，我不是个言而无信的人，你母亲知道，我一直很在乎对你的承诺……”

因为过分激动，哈里森快要哭出声来了，说：“求您不要再说了，让您的承诺见鬼去吧，您根本就不爱我，我也不想再跟您这个骗子讨论这个问题了！”

一直站在旁边静静地看着这对父子的玛莎，终于说话了，她深情地看了一眼杰克逊，才转过头来对哈里森说：“孩子，你爸爸一直都是爱你的，你一定要相信我！”

哈里森说：“妈妈，您怎么也来替他说话？他根本就不是我的爸爸，他是个骗子！”

玛莎说：“我没有替他说话，也用不着我替他说话，因为这些证据可以证明，他是爱你的！”哈里森怔住了，他从来没有听说过什么东西，还能为爱证明！

这时，玛莎慢慢地将一包东西打开了。那是一包信。

玛莎一封封地念着：

哈里森：我的孩子，今天我又要去执行任务了，我知道，这次很可能再也见不到你和你的母亲了。万一我出事了，我只希望你们能好好地活着。永远爱你们的杰克逊。

哈里森：我的孩子，今天这次任务比任何一次都可怕，我有预感，这很可能就是我与你和你母亲永别的日子。我只希望，在我走后，你们能够好好地活着。永远爱你们的杰克逊。

玛莎继续一封封地念着，可是哈里森却再也听不下去了。虽然那些信已经褪色，但他却看到了一颗鲜艳的父爱之心！

原来，杰克逊是一名专门对付恐怖组织的特警。在与恐怖分子的较量中，多次与死神擦肩而过，所以这些信也就没有交给儿子。他跟妻子商量，在他退役之前，不告诉儿子他的真实身份。他之所以对儿子如此冷漠，是希望万一他在执行任务时回不来，儿子不要太牵挂他！今天，杰克逊终于退役了，也就是说，他可以自由地向儿子表达他的爱了！

哈里森哭着说："妈妈，您不要再念了。"说完，他紧紧地抱住了父亲，说："爸爸，今天我要您带我去动物园！"

两根蜡烛应该互相照亮

主管劳丽丝见我太忙，便叫我再招一个帮手。在招聘会上，有一个学生模样的女孩坐在了我的对面。女孩美丽得让我羡慕，但更多的是嫉妒。虽然我自我感觉不错，而她，要是拥有与我相同的资历，就会褪去学生的稚气，马上变身为一名出色的职场佳丽，我敢肯定，她一定会比我更出色。

在她简短的自我介绍后，便很礼貌地将简历递到了我的面前。她叫爱妮，照片上一张烂漫的笑脸和她本人一样青春、漂亮。当我看到她竟然毕业于纽约一所名牌大学的时候，我的心里顿时一紧，直觉告诉我，这个人不能要。我这不是给自己找了个强大的对手吗？要知道，同行是冤家啊，如果哪天公司要裁员的话，说不定她便是我最大的威胁。

自然，我轻松地将她打发走了。我让她回去等消息，当然，我暗暗地在心里想，她是永远也无法等到我的消息的。在回公司的路上，我甚至为自己的精明十分得意。可是，没想到，第二天上班的时候，劳丽丝主管用那张因精心地化妆后，显得比实际年龄小了很多的脸冲我笑了笑说："琳达，你来我的办公室一趟，看我给你带来了什么好消息，以后你的工作就不会那么忙碌那么辛苦了。"劳丽丝主管的办公室里坐着一个女孩，令我大吃一惊的是，她竟然是爱妮。

劳丽丝主管说："这便是我从你昨天交上来的招聘名单里挑选出来的，现在，她已经是我们公司的一员了，准确地说应该是我们部门的一员，你现在就领她过去吧，希望你们好好合作。"

爱妮冲我一笑，说："以后请多多关照。"我的心里一沉，但表面上没显露出不高兴来。我没有心情跟她客套，我怎么也想不明白，她究竟是怎么进来的，她的简历又怎么会在劳丽丝主管的手里呢？

我快步来到自己的办公桌前，这才发现，我的办公桌上除了一张广告单外，已经没有其他的东西了。也就是说，我误将爱妮的简历跟其他人的简历夹在一起交给了劳丽丝主管。而我竟然愚蠢到以为从路边接到的那张广告单是爱妮的简历，还自以为是地将它压在了我的办公桌上。早知道自己这么粗心，在回公司的路上我便应该将它丢进垃圾桶！

我将爱妮安排在我对面的办公桌坐下后，便打开电脑胡乱地敲着键盘。我的眼睛虽然死死地盯着电脑屏幕，但心里却恨恨地想，看你能有多大能耐，我总会想到一个整治你的办法！

爱妮几乎每天早晨都比我早到，还极讨好地冲我笑着打招呼。说实在话，她长得确实好看，人也乖巧，如果不是同事的话，我倒真想跟她交个知心朋友。可是，一想到她以后很有可能会威胁到我的前途，我便打心眼里恨起她来。

有一天，爱妮突然递过来一张报表，说是请我给看看，其谦虚的程度很让人感动。本来我是不想看的，她的工作出了错又不找我。见她态度诚恳，我心软了，于是拿起报表看了起来。谁知，我看着看着便看出了问题，而且这还不是一般的问题，一单业务的数字由原来的 3636000，变成了 3939000。这还了得，数字的错误可是大错呀，弄得不好公司会亏本的。就在我正准备抓住爱妮的错误好好地数落她一番的时候，我又突然改变了主意，因为星期一便是例会，如果在例会上将这件事情说出来，是不是对她的打击更大呢。说不定劳丽丝主管一个不高兴便将她给辞了呢！

好不容易盼到了星期一，例会上，爱妮将自己的报表早早地发给了大家。还没等劳丽丝主管开口说话，我便迫不及待地拿起自己面前的报表，并急切地想指出爱妮的错误。我完全不顾爱妮直向我眨眼睛的着急样，我在心里说，你别以为我会包庇你，门儿都没有！我清了清嗓子说，这个新来的爱妮也太大意了，竟然出了这么大的纰漏，你们大家都看看，这是什么数字？就在我准确地找到那组数字时，我傻眼了，原来爱妮早已将报表重新校对并改过来了。面对所有人的目光，特别是来自劳丽丝主管和爱妮的目光时，我的脸腾地红了。

一回到办公室，爱妮便一个劲地向我解释，她不是故意的。她当时给我报表的时候只校过一遍。后来，她一想，这么重要的工作，不能马虎，便又反复校对，这才校出了问题，没想到我也看出来了。爱妮越解释，我便越生气。我想，无论如何，我不能这么轻易地放过她，如果万一不行，我便直接去跟劳丽丝主管说，在这个公司里，有她没我，有我没她！毕竟我已经干了这么长时间，对所有的业务都比她熟悉，孰重孰轻，劳丽丝主管一清二楚。可是，令人奇怪的是，爱妮对我的刁难并不往心里去，一如既往地对我笑脸相迎。几乎让我没有机会在劳丽丝主管面前讲她的坏话。

转眼到了年底，公司根据业绩宣布，我们部门是全公司最优秀的部门，而我跟爱妮又是我们部门最优秀的员工。站在公司年终大会讲台上领奖的那一刻，我跟爱妮高兴得抱头而泣。不只我们的劳丽丝主管，全公司的员工都在为我们鼓掌欢呼。

会后，劳丽丝主管将我叫到她的办公室。劳丽丝主管说："琳达，你和爱妮都很优秀，都是我们公司的优秀员工，我祝贺你们。只是，有一件事情我还得跟你说，那就是我觉得虽然你们合作得很好，但相处得似乎不太融洽，特别是你的宽容心不够。不知道你还记不记得，在你招聘爱妮的时候，我看到你交给我的简历中并没有她的名字。后来，我无意中在你的办公桌上看到了她的简历，这才给了爱妮来我们公司的机会。但愿我的猜测是多余的。要知道，像你们这样的好员工，哪个公司都不会嫌多。两根蜡烛同时点燃，其中一根蜡烛不会影响到另一根蜡烛的光亮，只会互相照亮对方，照亮整个公司的前程。"

那一刻，我羞愧地低下了头，也正是从那一刻起，我与爱妮成了真正的朋友。

翅膀断了，心也要飞翔

有两兄弟，由于一次塌房事故，作为家中顶梁柱的父亲永远地离去了，而哥哥也失去了双手。从此弟弟便成了哥哥的帮手。由于要照顾哥哥，从小学到大学，弟弟总是形影不离地跟着哥哥，哥哥除了学会用脚指头写字做作业外，生活上完全不能自理，吃饭穿衣拉撒都要依赖弟弟。有一次，哥哥因肠胃不好，半夜起来上厕所，便叫醒了弟弟。弟弟帮着哥哥进了厕所后，就回宿舍躺下了，由于太劳累，弟弟闭上眼就睡着了，竟完全忘了哥哥还在厕所里。结果哥哥在厕所里等了整整两个小时，才被查夜的老师发现将弟弟叫来。慢慢长大了的两兄弟也有了烦恼和矛盾，突然有一天弟弟提出要离开哥哥，因为他和很多正常人一样需要一个独立的空间。为此，伤心的哥哥不知如何是好。

无独有偶，另一对姐妹也有着同样的遭遇。因为妈妈患有间歇性精神病，在一天晚上无故出走，爸爸去找妈妈了，姐姐在外地读书，家中便只留下幼小的妹妹，妹妹决定做好饭菜等爸爸妈妈回来。妹妹在做饭时不小心将灶台上的煤油灯打翻，结果妹妹的双手便被无情的大火夺走了，而爸爸再也没能将妈妈找回来。虽然姐姐愿意照顾妹妹，可倔强的妹妹要自己照顾自己，从小学到大学，妹妹不但读书认真，更重要的是她学会了生活自理。妹妹还在一篇作文里写道：我幸福，虽然断了双手，但我还拥有一双脚；我幸福，虽然翅膀断了，但心也要飞翔……

有一天，他们被一家电视台邀请到了演播室。面对主持人，哥哥表现出了对前途的迷茫，而妹妹则对生活充满了热情。主持人要求他们分别在一张白纸上写一句话。哥哥和妹妹分别坐在工作人员早已安排好的座位上，并用脚指头夹起了笔。哥哥写的是：弟弟的手便是我的手。妹妹写的是：翅膀断了，心也要飞翔。

不同的态度决定了不同的人生质量，同样的遭遇却过着不一样的生活。是的，人生多变幻，苦难总是在不知不觉中骤然降临。面对苦难，如果选择抱怨与逃避，苦难就永远如影随形；但如果选择坚强，苦难便会化作甘泉，滋润美好的希望。

未成熟的番茄

上初中的时候，我正处在一个叛逆、偏激的年龄，父母老师的话根本就听不进去，还厌学逃学，经常跟几个成绩差的伙伴在上课期间偷偷溜出学校，去田间捉泥鳅，去树林摸鸟蛋。为此，我们没少受家长和老师的责骂。家长和老师越是责骂，我们便越是叛逆。最终，我们偷偷地跟在外地打工回家探亲的老乡逃了出去。

我偷了家里几百元钱，跟一个老乡来到广东博罗县的一个小镇。一路上，老乡用的都是我的钱，老乡在那里的一家小餐馆打杂，于是我被安排给老乡打下手。还没干满一个月，那家小餐馆就因为老板遭遇车祸关门了。老乡见我的钱用得差不多了，害怕我拖累他，背着我偷偷地去了另一个地方。我手里拿着餐馆里发的200元遣散费，一时不知所措。钱很快花光了，但工作却没有找到。有一天，实在饿得不行了，我便跟着一个和我同病相怜的小伙伴去偷人家的番茄吃。

小伙伴给我放哨，我进园子去偷。小伙伴反复嘱咐我，一定要留意一个黑胡子大汉，他便是那片番茄地的主人。黑胡子大汉不但满脸凶相，还带着一只大黑狗，几乎每天都在园子周围转悠。尽管小伙伴的话令我心惊胆战，但还是禁不住食物的诱惑而来到番茄园。饥饿能让人失去理智啊！

见天全部黑了下来，我才借远处的点点灯火，悄悄地潜入了那片渴望已久的番茄地。小伙伴站在园外打掩护，我则小心翼翼地摘起番茄来。才摘了几个番茄，园里便传来了黑胡子大汉的咳嗽声。紧接着便响起了阵阵沙沙的拨动番茄叶子的声音，不好，一定是黑胡子大汉发现有情况后追了过来。来不及细想，我破园而出，朝着一条小路奋力跑去。

小伙伴发现黑胡子大汉追出来了，吓得一声不吭地跑没了影。我的双腿越来越软，越跑越沉重。由于路况不熟，又是晚上，天色太暗，我不小心摔了一跤。后面的喊声越来越近，那人边追边说着浓重的方言，意思好像是让我停下，站住！他越是让我站住我越是想爬起来再跑。可是，还没跑几步，我又摔倒了。我的身上满是泥土，我用手胡乱地在地上摸索着，心想，与其让他抓住了痛打一顿或者送交派出所，还不如跟他拼了。我终于在地上摸到了一块石头，紧紧地将那块石头抓在了手里。

黑胡子大汉在我的面前停了下来，因为天太黑，我看不清他的面孔，再说我也不想看清他的面孔，我害怕面对他那张凶神恶煞的脸，就再也没有勇气站起来了。就在他试图靠近我的时候，我奋力站了起来，并用手里的那块石头狠狠地向他砸了过去。黑胡子大汉显然没有料到我还有这一手，他“啊”一声捂住了自己的额头，他的额头出血了，一时间半蹲在原地不动了。

他的狗见主人受了伤，悄无声息地向我逼来，我吓得眼一闭瘫软在了地上。我等了好半天后，那只狗也没有咬我，黑胡子大汉也没来抓我。他只是焦急地对我说着什么，并在地上搜索了半天将我跌落在地上的几个番茄捡了起来，然后将两个馒头塞在了我的手里，便带着狗转身走了。

我定下神来后，才仔细地回味他的话，终于明白了他的意思。他说现在还不是采摘番茄的季节，吃了未成熟的番茄是会中毒的。他还说，看我的年纪不大，应该去学校多读点书啊，怎么能出来打工呢。原来，黑胡子大汉并不是来抓我的，而是来给我送馒头吃的，他害怕我吃了未成熟的番茄中毒，而我却将他打伤了。看来，他已经不是第一次给像我这样的小偷送馒头了。只是，他没有想到，我会这么拼命地跑，并用石头砸他。

我幡然省悟，并主动返回了校园。是的，番茄没有成熟，吃了就会中毒。人也一样啊，只有长大了，成熟了，才能更好地融入社会，建设国家。而未成熟之前便过早地采摘，不仅毁了自己，还伤害了别人。而令我明白这个道理的，竟然是一个看守番茄园的陌生人。

奖励一个笑容

自从丈夫死于空难后，琳达就得改变家庭主妇的身份，而进入职场了。她的儿子卡奈尔已经5岁了，而她也在家待了6年。对于整整6年时间没有外出工作过的琳达来说，要想重操旧业，几乎是不可能的了，因为作为一名6年时间没有动过笔和电脑的会计，已没有哪家公司愿意接受。

最终，她找到了一份接电话的文员工作，那还是她10多年前刚参加工作时干的活。她苦笑了一下，兜了一圈，自己又兜了回来。但她还是接受了，并且比10多年前干的还要卖力。可是，这份工作的薪金根本就满足不了她跟儿子的开销。因为她的丈夫是一名电脑程序工程师，每月的薪金是一般家庭无法相比的，所以她基本上没怎么为钱操过心。可是现在——那根支撑着她的精神支柱突然倒了，她不知道自己能否挺得过去。

每天她一边计算着怎样将日子过好，一边向丈夫祈祷，希望他能保佑她和儿子早日走出困境。突然有一天，公司的人事文员通知琳达去财会部上班。原来，公司的总经理是琳达丈夫的生前好友，当得知琳达的情况后，决定让她重操旧业。

惊喜之余，当天晚上，琳达买了很多好吃的回到家里。琳达问卡奈尔：“希望得到妈妈的什么奖励？”卡奈尔黯淡的眼神里突然闪烁出了欢欣的光芒：“真的吗，妈妈？您真的愿意给我奖励吗？”琳达究竟有多长时间没有奖励过卡奈尔东西了，她自己都不知道。现在，只要他想要的，她一定会尽量满足他的要求：“是的，卡奈尔，妈妈马上就会赚很多钱，只要你想要的，想吃的，妈妈都可以满足你！”

卡奈尔并没有像琳达想象的那样，要求妈妈买一套皮尔·卡丹运动服，或是去高级餐厅吃牛排，而是嗫嚅着说：“妈妈，您能奖励我一个笑容吗？我都好久没有看到您笑了，卡奈尔现在什么都不想要，就想要您的一个笑容。”琳达的眼泪不由自主地流了下来，她猛地将卡奈尔搂进怀里，说：“好好，妈妈一定给你一个笑容……”

顿时阵阵愧疚涌遍了琳达的全身，是的，这么多天来，她只知道四处寻找工作，想让儿子过上好日子，却忽略了卡奈尔真正需要的是琳达有一颗对生活充满自信的心啊！从此，每天早晨和晚上，琳达都会送给卡奈尔一个甜甜的笑容。原来，走出了阴影的笼罩，生活依然美好。

笑容不能浪费

第一天上班，她遭到了一位叫凯妮的女同事的批评，凯妮说：“你接电话的时候声音不够动听，而且脸上也没有笑容。”

第二天，她写的一篇不足500个单词的报告，居然被年轻的主管挑出了10处错误。他很不客气的语言，让她感觉自己在学校里所学的东西一无是处。晚上，她躲在单身公寓里，泪流满面。她可以不理凯妮，但不能不理主管，因为他是她的上司。

第三天，她感到整个写字楼里的空气就像凝固了似的沉重，特别是那一双双利箭般的目光射向她的时候，更是使她如芒在背。因为心里发慌，她在经过一位同事的身边时，不小心被桌角绊了一下，险些摔跤，顿时，所有的笑声就像蜜蜂一样向她飞来，蜇得她满面通红。晚上，她又一次躲在单身公寓，以泪洗面，她可以不理上司，但不能不理所有的同事啊！

在学校的时候，她就一直梦想着毕业后能穿上职业装，亭亭玉立地出入于意大利瓷砖铺就的高级写字楼。可是，现在当她进入了梦想中的空间后，似乎并没有想象中的优越感，有的只是让人想发疯的挫败感。

她决定写一份辞职信，然后发 E-mail 给皮特经理。皮特经理是一位和善的人，也是公司的元老，他很快就给她回了信，但却只字未提她辞职的事。他居然约她晚上下班的时候去湖边散步。

她说："皮特经理，我不明白您的意思，我只想知道，我的辞职报告您批了没有？"

皮特经理好像没有听到她的话一样，笑着说："你看，这傍晚的湖色多么美丽，如果此时你不在这里散步，你就浪费了这美丽的晚霞；如果你不曾在早晨的湖边跑步，你就错过了湖边的朝阳。"

她若有所思地听着，抬头望去，果然看见了天边那一道道晚霞，如一幅优美的图画，也感受到了那些在这里散步的人们的幸福。

皮特经理又接着说："是的，那些美丽的景色需要人去欣赏，才不至于浪费。你长着一张美丽的面孔，如果不经常保持笑容，那也是一种浪费。"

什么？不笑对面孔也是一种浪费？她还是第一次听人讲这么一个道理。

"您真幽默。"她用手摸了摸自己的脸蛋，不由自主地笑了。

皮特经理见她笑了，则笑得更开心了："这就对了，你看现在的你，多迷人，多有亲和力呀！这么漂亮的一张面孔，整天板在那里，不是浪费又是什么？同样的道理，公司给你提供的这个平台，需要你去好好利用才不至于浪费，人的生命也需要不断地去充实，才不至于浪费！"

从此，她再也没有提过辞职的事，而是每天面带微笑地上班，认真地做好分内的每一件事。她竟然再也听不到凯妮的批评，听不到其他同事和主管的批评了。10年后的今天，她已成了这家公司的副总裁，她依然时时提醒自己，利用好自己的一切优势，别让它们浪费了。

拔除杂草

斯恩德有 3 个孩子，他要求大儿子克莱尔，二儿子卡尔夫和小女儿凯妮每天都去菜园里拔除杂草。尽管 3 个孩子非常不愿意，但都知道父亲的脾气，于是每天放学后，乖乖地去菜园拔草。刚开始，他们会互相埋怨。

克莱尔说："卡尔夫，你只管往前冲，根本不管身后的草是否拔干净，总是要我重新拔。"卡尔夫说："难道你没看到，我拔得最多吗？你怎么不看看凯妮，我拔了一大片，她才拔了几棵！"凯妮则哭了起来："你们看，我的手上都起泡了，还有，我的花裙子又弄脏了。"

草并不是那么好拔的，有时拔草的同时，也将菜苗一起拔了起来，有时一不小心就会被杂草的尖刺划伤手指。往往这块地里的草还没有拔完，一场雨下来，那块地里又冒出了小草尖尖的脑袋。于是，他们只得每天放学后在菜园里忙碌。慢慢地，孩子们不但学会了拔草，而且也不再抱怨，他们还学会了忍耐。

菜园里的蔬菜，因拔除了杂草而长得郁郁葱葱，而孩子们也都爱上了拔草的工作。直到有一天，克莱尔宣布，他以后不能去菜园拔草了，因为他要去州立大学读书。临走时，克莱尔说："真舍不得啊，这么漂亮的一片菜地。"于是，菜园里只剩下卡尔夫和凯妮了。又过了不久，卡尔夫宣布，他也要去远方读大学，不能去菜园拔草了。最后轮到了凯妮，她走的时候恋恋不舍地对父亲说："以后菜园里的杂草由谁来拔呢？"父亲说："不用担心，我有除草剂呢。"凯妮不解地对父亲说："您既然有除草剂，怎么还要我们兄妹几个花费时间去拔草呢？"

斯恩德舒心地笑了："现在你们兄妹3人都上了大学，不能忘了这拔草的功劳。拔草时，你们学会了忍耐，学会了宽容。要知道，心中的杂草靠除草剂可不行，那要靠自己动手才能拔除！"

人生一切皆机缘

2013年6月30日。

这是一个令人难忘的日子。应好友姚贵南之邀，与葛取兵、肖学文、陈永胜、陈亚洲等众多文朋诗友，前去江南一渔村赏荷。难得的是，居然还有位从北京来的专业书画家，他叫赵文洁。数年前我就听说过他的大名，并且知道他的书、画可值钱了。对于书、画，我完全是个外行，可从诸多已获得赵文洁书、画的文友那欣喜若狂的神情中，便可以看出他的书、画的价值了。

更没想到的是，我居然有幸获得了赵文洁赠送的一幅字。那天，赵文洁一共题了三幅字，分别赠给了渔村的东道主三毛、我和胡容女士。内容依次是：江南渔谣、渔村晚照和庄周梦蝶。题毕，立即引来众多文友的一片叫好之声。

当三毛拿着那幅字时，姚贵南凑近小声地对他说："这幅字，如果有人出价10万元，你都不要卖掉。"三毛憨厚地笑，显然，他跟我一样，也是一个不懂书画的人，但他绝对是个人物。好多次，我都想将三毛写进我的书里，只为他那手绝活：闭上眼睛，只需用手一摸，便知鱼的公母，或者只需摸一片鱼鳞，便知鱼的年龄。他是江南许多普通渔夫中的一员，每天早上4点钟起床，为了生计要忙到晚上摸黑进门，他代表了中国多数普通一线劳动者的真实形象。也许，这便是赵文洁送他一幅字的理由了。

在去渔村的路上，我送给了赵文洁一本散文集《地图鱼的梦想》。因为一直用电脑写作，平时也很少练字，我总觉得自己的字拿不出手，便没有在书上签字。可赵文洁却是个认真的人，一定要我签字。我说："我的字丑，实在不敢见人。"赵文洁随即说："在你面前，我就吹一回牛了，我的字应该比你写的好点。但是，我的字写在这本书上，没有用啊。"一句话，说得在场的人都笑了。这便是画家的幽默所在。我无奈，只好在书上签了字。我送赵画家一本书，他却赠我一幅字，真是别针换别墅了。

在回家的路上，我一直在想，赵文洁在短短十几分钟时间，便完成了三幅字，不说每幅10万元，1万元应该有吧。如果他以每天8小时的工作时间来写字，一天得写多少钱啊？那不是比印钞机还来得快？

我的浅薄想法，立即引来一片哄笑声。临湘市书协主席陈亚洲说："如果是那样的话，别说那幅画值1万元，就是10元也不值了。要知道，书画家在写字、作画时，是需要与当时的环境、心情相呼应的，缺一便不可能成精品，成不了精品，便没有价值了。"

于是，我回想当时的情景：正是夏天的傍晚，渐暗的江面归船悠悠，天上云卷云舒，夕阳斜斜地照着渔村，让人不饮已醉。特别是酒已至半酣，并且有众好友在伴，谈兴正浓。正是在这样的状态之下，才产生了这绝妙的三幅字啊。

于是，我明白了，人生一切皆机缘。不管是一幅好字，还是一篇作文，都需要环境、心境的适当，才能产生。人生何不是如此，有的人勤劳一生，没有机遇，依然碌碌无为；有的人虽时时手握机遇，但不愿行动，也是徒劳。只有那些既肯付出劳动，又获得了机遇的人，才能成为最终的赢家。

做甜品的原则

乔恩的父亲经营着一家小甜品店。整天在甜品店忙碌的父亲，面对顾客时总是一副谦卑的形象。虽然父亲辛勤地将乔恩养大，但乔恩还是瞧不起父亲。父亲让乔恩放学后去甜品店帮忙，乔恩也拒绝了。

一天，小区来了两位漂亮时尚的女孩，她们居然在父亲的甜品店对面也开了一家甜品店。由于她们的甜品店装饰别致，一时间顾客盈门，而父亲的甜品店则日渐冷清。一家是落后的传统手工制作，一家是现代化机器工艺；一边是糟老头掌柜，一边是两位青春靓丽的女孩。不说顾客了，就连乔恩都想去那两个女孩的店里看看。

一年一度的甜品大赛又到了。乔恩心里清楚，今年的甜品大赛冠军非那两位女孩莫属。只有父亲一副胸有成竹的样子，他说："乔恩，今年比赛就由你来当我的助手吧。"

而在台上一亮相，双方之间的差距便显现出来了。不管是评委还是观众，几乎所有人的目光都被那两个漂亮女孩吸引过去了。乔恩跟在父亲身后，窘得无地自容。

两家的作品都完成了，两位女孩的作品，让在座的所有人都惊呼了起来。她们做的是电脑雕花西瓜盅，从颜色就给人一种视觉上的美感。预料之中，评委们对两位女孩的作品由衷赞叹。

乔恩几乎要劝父亲放弃比赛赶紧回家，就在这时，乔恩听到了评委们对父亲作品的评价：父亲的作品虽然不如两位女孩的多姿多彩，但在口感和营养上要更胜一筹，因为父亲采用的是全手工制作，并且所选原料全是绿色食品。最后，评委宣布，今年的甜品大王还是乔恩的父亲！不仅乔恩，现场所有的观众都被这一意外的结果惊呆了，30 秒钟的寂静过后，全场爆发出了雷鸣般的掌声和欢呼声。这时，乔恩看见一直在静静地倾听评委们点评的父亲，平静的脸上终于露出了欣慰的笑容。乔恩被这巨大的荣誉鼓舞着，紧紧地拥抱着父亲说：“爸爸，我们赢了！”

父亲在乔恩的耳边说：“乔恩，你听着，不管外表如何美丽，如果没有内涵，持久不了。你需要记住的是，不管做事还是做人，朴素、真诚永远是我们的原则。”

快乐都是自找的

在我们小区的一个车库里，住着一个三口之家。车库只有不到20平方米的空间，要住一家三口，自然有些拥挤。

男的是小区聘请的临时清洁工，女的没有工作，带着一个七八岁的小男孩，除了给父子俩做饭洗衣，有时候也帮男的清理一下小区的卫生。

小区是高档小区，不但设施齐全，而且环境优美。每个套间的面积都在130平方米以上，而且家家有车。冬天有暖气，夏天有冷气。对于既没暖气也没冷气的车库，冬天则如冷窖，夏天就像蒸笼，实在让人难以忍受。而那三口之家，就像个另类，在这个小区里总是处处显得格格不入。对于那一家三口朴素的穿着和有些土气的行为，时间一长，人们也就习惯了。

慢慢地，我发现，小区的人白天都在上班，倒还没什么异样，可是一到晚上，便有些不同了。那些住在装修豪华的套间里传出来的，大多不是麻将声，就是争吵声，再就是可怕的沉默。只有住在车库里的那一家，总是充满了欢声笑语。

一天晚上，我散步归来，正好听到那一家三口的欢笑声，于是便信步走了进去。男主人非常热情地接待了我，女主人则在忙着收拾桌子。

我问男主人：“你们一家怎么这么开心呀，莫非有什么喜事？”男主人故意只笑不吭声。见我一脸茫然，女主人也跟着咯咯地笑了起来。我更加好奇了，问：“是不是今天清理垃圾的时候捡到一大笔钱了？”男主人摇了摇头，脸上仍然漾着笑意。我又问：“是不是孩子考上重点学校了？”男主人还是摇头微笑。我说：“既没捡到钱，孩子又没考上重点学校，还有什么值得这么高兴的事情呢？”

男主人这才收敛了笑容说：“其实也没什么事情，今天我从垃圾桶里捡到了一个高脚酒杯，于是晚上我们一家人便学着电视里喝红酒的样子，以茶代酒，轮着喝，结果，我们互相看着对方的样子实在太滑稽，所以就笑了。”

原来只要心中藏着快乐的人，一件简单得不能再简单的事情，也能让他们笑上半天。我看着住在简陋车库里的这一家人，突然觉得他们是如此幸福。在我准备告辞的时候，男主人突然对我说：“其实快乐都是自找的，如果你不自己去寻找快乐，那么快乐是不会主动送上门的。”

这是一句多么有哲理的话啊，谁也没想到，它竟然出自一位如此普通的人之口。快乐都是自找的，同样的道理，痛苦也都是自找的。富人和穷人，住在高楼里的人和住在地下室里的人，都有寻找快乐和痛苦的权利，重要的是，他愿意去寻找什么。

拐杖的危害

一个企业家，几经周折，终于找到了一个在教育领域颇有影响力的教育家，并向他倾诉了自己的苦恼。

原来，企业家是在为自己庞大的企业没有继承人而苦恼。企业家有一个儿子，可是成年后，却什么也干不了。

教育家问企业家："您是怎样教育孩子的？"

企业家回答道："从小，我就天天跟他讲，一定要好好读书，以后还得为我管理这个庞大的企业呢。儿子很听话，也很争气，学习成绩总是名列前茅。为了让孩子永远保持这样的好成绩，我还给他请了最好的家教，每门功课由一个家庭教师负责辅导，这样，就好比给孩子的好成绩上了多重保险。不但这样，我还给孩子安排了两个生活保姆，一个接送他回家，一个给他洗衣做饭。

"可是孩子从此便离不开家教和保姆了，只要有家教在，他的成绩便能保持前几名，一离开家教成绩马上就下滑。

"现在，孩子已经成年，可是，他不但自己无法单独完成毕业论文，一旦离开了保姆，就连吃饭洗衣或者单独从学校回一趟家都成问题。就他现在这个样子，我怎么放心将自己苦心经营了一辈子的企业交给他管理呢？”

教育家点了点头，终于明白了企业家的苦恼所在。教育家没有立即发表意见，只是交给了企业家一根拐杖，并交代他每时每刻都要将拐杖带在身边，一个月后，再来见他。尽管企业家很不理解，但还是按照教育家的话去做了。

一个月很快就过去了。企业家带着那根拐杖去见教育家，说：“求您将这根拐杖收回去吧，我整天带着这根拐杖，行动起来实在是不方便。”

教育家说：“不行，您还得继续带着这根拐杖，三个月后，您再来见我吧。”

三个月后，企业家拄着拐杖再次见到了教育家。教育家问：“现在，您拄着那根拐杖还觉得不方便吗？”企业家将拐杖还给了教育家，并试着自己走路，可他已经不会走路了，于是他说：“您还是将那根拐杖给我吧，我觉得还是拄着这根拐杖行动起来方便些。”

可是，教育家却坚决收回了那根拐杖，说：“我如果将这根拐杖给了您，那就是害了您，您将一辈子也不会自己走路，而要依靠它了。在教育孩子的问题上也是一样的，如果您不收回那根拐杖，他这一辈子也无法自己走路，您给孩子的那根拐杖就是过分的照顾与疼爱！”

救心丸

在美国阿拉斯加州，有一个叫拉利尔的村庄，村西住着一个美丽的女孩叫莫尼卡，村东住着一个贫穷的男孩叫阿莱斯克。谁也没想到他们会相恋，但他们却在人们的意料之外相恋了。女孩莫尼卡的家人坚决反对，因为他们早就在阿拉斯加州城里为女孩物色了一个富有的人家。可是莫尼卡却坚决不同意。莫尼卡的父母说："真不知道你是怎么想的，村东的那个男孩阿莱斯克，不但贫穷，而且还有先天性心脏病，有一次阿莱斯克在农场为奶牛挤奶的时候，心脏病突然发作，一头栽倒在地，还摔残了一条腿。"

因为莫尼卡铁了心，她的父母只好将她关在家里，不准她去见阿莱斯克。莫尼卡的父母想，只要关一阵子，她就会回心转意的。没想到，一个月后他们将莫尼卡放出来，她又去村东找阿莱斯克了。莫尼卡的父母只好再次将她关起来，并声泪俱下地哀求阿莱斯克，让他放过莫尼卡。阿莱斯克最终答应了莫尼卡父母的哭求。于是，阿莱斯克对莫尼卡谎称自己已经有了心爱的人，希望断绝莫尼卡对他的念想。没想到，莫尼卡听到这个消息后，竟然精神失常了。

这样的结果是谁也没想到的。不但阿莱斯克伤心不已，莫尼卡的父母也无限痛悔，早知如此，不如就让他们结婚算了。现在自家的女儿已经精神失常，阿莱斯克还要她吗？“要！”阿莱斯克斩钉截铁地回答。于是，阿莱斯克将莫尼卡娶进了家门。阿莱斯克四处为莫尼卡求医问药，可医生却告诉他，莫尼卡原来就患有轻度的精神病，只是因为受了刺激，才变得如此严重的，要想治好，很难。原来莫尼卡的祖母曾经患有精神疾病，虽然莫尼卡的父亲身体健康，可是却隔代遗传给了莫尼卡。

从此莫尼卡成了村里一些无聊的人和小孩子们的开心果。有人拿一根小黄瓜就可以从莫尼卡那里换来一个大南瓜，拿几粒黄豆就可以从莫尼卡地里换来一筐玉米棒子。她甚至连自己的名字也忘了，当别人叫她莫尼卡的时候，她没有一点反应。只是，令阿莱斯克欣慰的是，莫尼卡始终记得他的名字，她知道他的名字叫阿莱斯克，她谁都不记得了，只记得阿莱斯克。莫尼卡的父母看到独生女儿变成了这样，不久便积郁成疾，相继去世了。

阿莱斯克要独自管理一个农场，每天他要做的事就是将牛群赶到有更多青草的地方，将牛奶挤好第二天交给送奶工，因为他的腿上有伤，行动不便，总是要费很大的劲才能完成这些工作。

有一次，阿莱斯克突然倒在地上，不省人事，同样在附近劳动的人们见状迅速赶来，准备将他送往医院。这时，莫尼卡听到了众人的吵闹声，急急忙忙地跑了过来。人们都嫌莫尼卡碍事，没有理她，继续抢救阿莱斯克，有人已经将阿莱斯克背起来想将他送往医院。可是，莫尼卡不管，她仍然一个劲地往阿莱斯克的面前凑，有人阻拦她就乱抓乱咬。众人无奈，只得将阿莱斯克放下。只见莫尼卡从自己的衣服口袋里拿出一瓶救心丸，倒出几颗，放进了阿莱斯克的嘴里，不一会儿，阿莱斯克便缓过气来了。

原来，阿莱斯克那天外出时忘了带救心丸。一旦病情发作，很可能有生命危险，医生这样说，是莫尼卡救了他的命。连自己的名字都记不起来的莫尼卡，她的衣服口袋里居然天天带着一瓶救心丸。

从此，阿莱斯克外出时，再也不敢忘记带救心丸，他不愿莫尼卡天天为他担心。没想到 10 年后的一天，阿莱斯克又忘记带救心丸了。阿莱斯克再次倒在了 10 年前曾经倒过的地方，当众人赶来时，莫尼卡也闻声赶到了。这次众人没再阻拦她。可是，当她将那瓶救心丸给阿莱斯克服下后，阿莱斯克也没能再醒来。后来经过医生检查，莫尼卡拿的那瓶救心丸已经过期 10 年了。

你为谁而感动

罗斯是一名商人，家住美国加州。一次，他去新墨西哥州谈生意时，邂逅了美丽的女孩凯琳，两人很快坠入爱河。不久，罗斯赶回加州。分别时，罗斯深情地对凯琳说：“我一定会回来娶你的！”

一个月后，罗斯再次来到新墨西哥州，重见凯琳时，罗斯激动地说：“亲爱的，你现在就跟我去加州结婚。”

女孩犹豫地点了点头，说：“好的，亲爱的，一切都听你的。但是，跟你去加州的事我还得跟我的家人商量一下。”罗斯觉得女孩说得很有道理，便说：“我给你一个星期的时间跟家人商量如何？”

罗斯不知道，眼前的女孩并不是他深爱的凯琳，而是凯琳的孪生妹妹珍妮。因为在罗斯离开新墨西哥州的第二天，凯琳不幸遭遇了车祸，她的左腿被车轮轧断，现在正躺在医院里接受治疗。好心的女孩不想让心爱的男友罗斯为她担心，便央求自己的孪生妹妹珍妮去与罗斯约会。珍妮没想到罗斯这么快就要求结婚，她知道姐姐凯琳也深爱着罗斯，可是，凯琳现在根本就不可能跟罗斯结婚，怎么办呢？珍妮只得跑去医院找姐姐凯琳拿主意。

凯琳听到妹妹带回的消息悲喜交加，喜的是，罗斯对她的爱是如此真切；悲的是，自己的腿不知道什么时候才能痊愈。最后，凯琳咬了咬牙说："妹妹，你还得继续帮我。"珍妮以为自己听错了："什么？姐姐，你是说让我跟他去加州结婚？"

凯琳说："好妹妹，你就答应了姐姐的请求吧，你不知道，我是多么想跟罗斯结婚，我真的不想失去这个跟他结婚的机会。你现在只要尽量拖延时间，如果能够延期一个月结婚的话，我的腿便基本上能行走了，到时你只要跟他举行了婚礼就行，等我的腿全好了，我再将你换回来不就行了吗？"

一个月后，无比急切的罗斯带着珍妮回到了加州。他们在教堂举行了隆重的婚礼。可是，姐姐凯琳并没有在预定的时间赶来，珍妮心急如焚，但毫无办法。因为自己已经成了罗斯的合法妻子，虽然名字是姐姐的，但在牧师面前宣誓的是她！于是，当罗斯提出去加拿大度蜜月的时候，她没有反对。

经过一个月的蜜月之旅，珍妮发现自己也深深地爱上了罗斯。她同情姐姐凯琳，却又不愿放弃眼前的幸福。康复后的姐姐凯琳决定忍痛割爱成全他们，含泪选择了离开，她决定永远不再见罗斯。

谁知，天有不测风云。珍妮突感身体不适，去医院检查才知自己患了癌症，生命于她只有短短几个月的时间了。她虽然跟罗斯才生活了几年时间，却觉得自己是这个世界上最幸福的女人。唯一令她不舍的就是罗斯。于是，她找到还没有结婚的姐姐，将自己的想法告诉了她。

两姐妹抱头痛哭一番后，凯琳就像当年珍妮答应她的请求一样，答应了妹妹的请求。

几个月后，珍妮在医院里永远闭上了眼睛，凯琳又回到了罗斯的身边。在以后的日子里，每当罗斯对凯琳回忆起过去他们相爱并结婚的点点滴滴，凯琳都会泪流满面。对此一无所知的罗斯总是莫名其妙地问凯琳："亲爱的，你怎么啦？"凯林总是苦笑一下，然后说："没什么，我只是为我们的爱情而感动！"

我是一缕阳光

5岁那年，他因为不慎触到了变压器而失去了双臂。对于一个要靠繁重的农活来维持生命的农村人来说，失去了双臂，意味着失去了劳动能力，就只能靠别人来养活了。

但是，他却不这么想。他认为，尽管失去了双臂，自己还有双脚，还有跟正常人一样的智商。于是，别人能用双手完成的工作，他便学着用肩膀、用脑袋、用脚去完成。

他用肩膀夹着自行车头学会了骑自行车，尽管为此摔掉了一颗牙，他也没后悔。他用肩膀夹着锄头锄地、浇菜、洗衣服、锯木、扎扫把和编竹篮。一次不行，就做十次、百次、千次，甚至是万次，直到会做为止，一些农活儿他甚至比那些四肢健全的人做的还要漂亮。他还学会了用脚趾头夹着笔写字和嫁接果树苗，他用脚趾头嫁接的果树苗的成活率跟别人的一样高。

他用脚趾头夹着毛笔画的画，在一次绘画比赛中获得了一等奖的好成绩。更令他骄傲的是，那次大赛的评委们到现在都不知道，那幅获奖的绘画作品，竟然是一位失去双臂的人用脚画出来的！

他还种了几十亩柿子和柑橘，在他的精心护理下，每年都能获得好收成。自从失去双臂后，他不知道遭遇过多少人的冷嘲热讽，但他没有为此掉过一次眼泪，他认为，这个世界上只要别人会做的事情，没有一样他不会做，他没必要为失去了双臂而自卑。就这样，他顽强而乐观地将一个农家的日子过得越来越红火。

一次偶然的机会，他将自己在田地里劳作的过程编成了舞蹈，在第五届全国残疾人艺术会演中，赢得了观众如潮的掌声，获得评委会特别奖，并被中国残疾人艺术团吸收为演员。

从此，他又与舞台结缘，其中最为著名的是他编的舞蹈《秧苗青青》。只见他穿着红坎肩，在舞台上行动自如地挑水和浇灌，辽阔的田野被搬上了彩灯绚丽的舞台，一群象征秧苗的俏丽姑娘，围绕着这个从田间走来的小伙子，在他的照料下“茁壮成长”……其实他只是讲述了自己最寻常的乡村故事，却跳出了轰动千万观众的《秧苗青青》。目前，他的节目已经成为中国残疾人艺术团大型歌舞晚会中重要的节目之一。

他的名字叫作黄阳光。一个普通的乡村小伙子，如今也和残疾人艺术团里的“孔雀仙子”邰丽华和“天才指挥”舟舟一样，迅速被媒体传扬。

黄阳光说：“其实，生活中，别人怎样看你并不重要，重要的是，你得看重你自己！只要你自己不说放弃，这世上就没有难得倒你的事！”

真正的朋友

在初二（3）班，林子研无疑是一群男生的“头儿”。不仅因为他家境好，常有新款游戏机供大家玩，还因为他长得帅，那玉树临风的身姿，总是引人注目。更重要的是，他的学习成绩还特别好。

虽然在同学中是“头儿”。但在老师眼里却是“刺儿”。林子研的成绩虽好，却不服管教，比如，学校三令五申不准抽烟，但林子研却毫不理会，依然躲在宿舍给一群男生分烟抽。

张默涵是个转校生，看他呆头呆脑的样子，还有一身皱巴巴的衣服，就知道他的家境不好。原本，林子研是没打算理他的，但转念一想，既然要当“头儿”，就得包容各色人等，于是主动邀请张默涵加入了自己的“团队”。

从张默涵那高兴的眼神中，林子研便看得出，自己对他的邀请，令张默涵受宠若惊。林子研得意地笑了，于是也给了张默涵和其他人一样的“待遇”，这个待遇就是，可以玩他的游戏机，可以吃他的零食，甚至可以跟他一起在宿舍里偷偷地抽烟。

说起抽烟的事，林子研就会打心眼里想笑。因为张默涵怎么也不肯抽，林子研便命令“兄弟们”硬往他的嘴里塞烟。张默涵只抽了一口，便咳了好半天，还呛出了眼泪，那个滑稽相，令所有人捧腹不已。

林子研聚众抽烟的事，还是被老师发现了。所有参与过抽烟的人都被严重警告，特别给予“带头人”林子研，记大过一次。

林子研左思右想，也想不出老师是怎么发现的。莫非有人告密？林子研召集“兄弟们”，一定要找出那个告密者。就在这时，张默涵主动承认是他向老师告的密。

望着张默涵那呆头呆脑的样子，众人恨不得将他吃了。特别是林子研，发誓再也不理张默涵了。从此，只要一看到形单影只的张默涵，大家就会远远地躲开。

那是一年一度的体育赛。当轮到 1000 米长跑赛时，林子研才发现，张默涵也报名参加了。当裁判的哨子一响，林子研便甩开双腿，奋力跑了起来。林子研很快便拉开了与众人的距离。张默涵也不甘示弱，紧紧地跟在林子研的身后，奋力跑着。林子研感觉到有人离自己很近了，忍不住偷偷地回头张望，一看，竟然又是张默涵。于是气不打一处来，便决定趁机绊张默涵一跤。谁知，林子研没有绊倒张默涵，反倒让自己重重地摔倒在了地上。

张默涵刚刚超过林子研，便发现林子研摔倒了。于是赶紧停下来，背起林子研继续往前跑。眼看后面的人追上来了，张默涵一急，身上就像长了对翅膀一样，背着林子研就飞奔了起来。最后竟然成功地撞线了。

老师和同学们全都看傻了眼，都为张默涵背着一个人，还能跑第一名而欢呼起来。可是，当老师宣布张默涵获得了 1000 米长跑冠军时，张默涵却大声回应说，获得冠军的不是自己，而是林子研。

大家面面相觑，都以为张默涵背着个人跑步跑傻了。张默涵的理由是虽然林子研是被自己背着跑的，但撞线的人却是林子研，比赛的规则是谁撞线，谁便是冠军。原来，大家都清楚地看到了那一幕，张默涵背着林子研迅速地跑向终点，在快到达终点时，张默涵向林子研大喊了一声“快撞线”，林子研毫不犹豫地用双手将线撞断了。林子研就这样获得了本次比赛的冠军。

谁都清楚，林子研的冠军是靠张默涵得来的，林子研当然也明白。更让林子研内疚的是，他还试图绊倒张默涵。林子研的伤好后，第一个便是去找张默涵。张默涵不好意思地说：“本来我早就想去看你，但又害怕你不理我。”林子研说：“我还要感谢你呢，又怎么会不理你呢？”张默涵说：“你抽烟的事，我告密了，对不起。”林子研说：“你做得对，你才是我真正的朋友，在我做错了事时，揭发我，在我有困难时，帮助我。”说着，林子研紧紧地给了张默涵一个拥抱。从此，林子研解散了他的“团队”，他决定不再当“头儿”了。

思念着是美好的

不管时光多么久远，距离多么漫长，只有思念能穿越时光，瞬间让天涯变为尺咫。思念是不分时间地点的，只要你愿意，随时可以展开思念的翅膀。

有时候，我会突然想起 30 多年前某个傍晚的自己和 30 多年前那个傍晚的母亲。那时，我背着书包，同时也背着夕阳的余晖，从村小学经过一条长长的山路往家里赶。山路越走越弯，夜色越来越浓。我哼着歌儿给自己壮胆，当我看到迎面而来同样哼着歌儿的母亲时，心里一下子便明亮了起来。但我故意跟母亲说："其实我不怕。"母亲笑了笑，说："我知道你不怕，我的儿子就是有胆量！只不过，我特别思念你，所以就来接你了！"那时，我不懂思念为何意，也不懂得，只不过一天时间没见，母亲为何那么思念自己的儿子。

有时候，面对即将上学的女儿，我会突然想起数年前的那个夜晚。我与妻子一门之隔，她躺在医院的产床上，我站在医院的走廊里，听着妻子的阵阵喊叫声，我就像热锅上的蚂蚁，不知所措。我跟女儿说，那时，我是多么思念你们娘俩啊。女儿睁着大眼睛，不解地问，又不是隔了很远，有什么好思念的呢？

一次，我亲赴地震灾区，采访一位在被埋了五天五夜而成功获救的男子。当被问及他是如何在黑暗中不吃不喝，独自创造出这个生命的奇迹时，他说，因为他思念他的父母和妻儿！

有人说，没有分离就没有思念。其实，思念是不需要分离的，近在尺咫也需要思念。有一对邻居老夫妻，妻子喜欢唠叨，丈夫沉默寡言。因在一起总是吵吵闹闹，丈夫见妻子在院子里择菜，自己干脆回屋看报去了。只一会儿，就见丈夫焦急地跑出屋子，喊，老婆子，你怎么啦，为什么不说话了？妻子流着眼泪笑道，因为我在思念你！

思念是花，能芬芳别人，也能美丽自己。思念着是美好的！

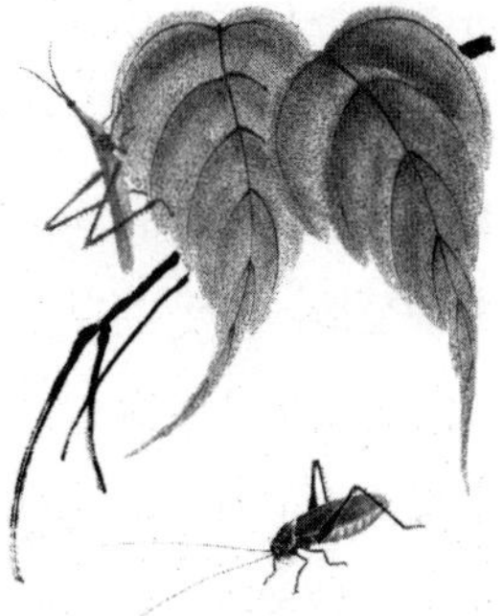

常读常新是爱情

小男孩双手捧着一朵野花，站在小女孩面前，腼腆地说：“给你。”扎着两个羊角小辫、穿着花裙子和绣花鞋、站在路边的小女孩，望着满身是泥、一脸汗珠的小男孩，说：“长大了，你会娶我吗？”小男孩用手摸了摸后脑勺，然后坚定地说：“只要你肯嫁，我就会娶！”小女孩接过小男孩递过来的花，望着小男孩被自己摸得满是泥浆的后脑勺，甜甜地笑了。这是两小无猜的爱情。

男孩喜欢写诗，女孩喜欢读诗。男孩写诗是为了女孩，而女孩也只喜欢读男孩的诗。男孩将给女孩的诗写好后，却不直接给她。女孩想读男孩的诗时，也不直接找他要。男孩总是借向女孩请教问题的机会，将写给女孩的诗夹在课本里给她。女孩看诗时，也总是假装在看一本书，其实里面夹的是男孩写给自己的诗。这是情窦初开的爱情。

食堂里的生活不是太好，每天都是咸菜萝卜，难得有一次吃肉的机会。但只要自己的碗里有了肉，他便会悄悄地留一块给她。没想到，她也给他留了一块。在他将自己碗里的肉夹给她时，她也刚好将自己碗里的那块肉夹给了他。然后，他吃她夹的那块肉，她吃他夹的那块肉，两人相视笑了。这是患难与共的爱情。

他和她一起去南方某地旅游，谁知刚好是雨季。走在一段陡峭的山路上时，突然遇到了泥石流。好多人被泥石流埋住了，她也在里面。在将所有人成功救出后，他还是没有找到她。这时，疲惫不堪的人们都有了放弃的念头。但他却不肯放弃，尽管双手已是血肉模糊，他依然在奋力挖掘。经过一天一夜的努力，他终于找到了奄奄一息的她，因为他的不放弃，她得救了。事后，有人问他："如果一天一夜还是找不到她，你还会找下去吗？"他果断地说："会。"接着有人问她："被埋在泥石流里一天一夜，这简直就是个生命奇迹，你是如何坚持下来的呢？"她说："因为我相信，他一定会来找我的！"这是生死相依的爱情。

她每天都会为他泡一杯绿茶，只因为他说过，绿茶可以养生。他每天在睡前都会为她捏一会儿腿，只因她有关节炎。她给他泡茶，这一泡就是 50 年。他给她捏腿，这一捏也是 50 年。从青丝到白发，50 年如一日，他们坦然地接受着对方的付出，也坦然地为对方付出着，都没有觉得这是累赘，反而觉得是一种幸福。这是相濡以沫的爱情。

这只是生活中常见的几种爱情，它或许还以其他方式存在着，或甜蜜或忧伤，或浪漫或平淡。自古至今，爱情都是人生永恒的主题。有人说，爱情是花，清香诱人；也有人说，爱情是酒，让人沉醉。我要说，爱情是书，常读常新。

一道特色菜

表哥在新加坡一家五星级酒店当大厨，过年回国内老家时，跟大家谈起他在酒店里经常做的一道特色菜，是如何受客人欢迎的。客人中不乏当地政要，还有世界各国来宾。说得大家心痒痒的，都想亲口尝一尝那道特色菜。

正好表哥的父亲，也就是我的姑父满七十大寿，于是姑妈对表哥说："不如你就在宴席上露一手，让所有的亲戚都来尝一尝你这道五星级的特色菜吧。"

那道特色菜的名字叫作"西瓜盅"，先不说味道，就是说一说做工的程序，都要费好长时间的口舌。既然大家这么期盼这道菜，表哥也不好推辞，便答应一定亲自做这道菜，但有一个条件，那就是得多请几个帮手。只要能吃到这道菜，打个下手也是应该的，于是几个表兄弟表姐妹一致举手同意。

先是采购原料。因为是冬天，西瓜不多见，幸好超市里有现货，只是价格比平时贵了二十几倍。再就是绿豆、黄豆、枸杞、莲子、薏米等营养滋补类辅料。因为有 10 桌客人，于是便买了 10 个大小差不多的西瓜。

接下来，是将西瓜洗净，按三七的比例切开，下面为盅，上面为盖。再就是将瓜瓤用勺子轻挖出来，混合在绿豆、黄豆、枸杞等辅料里面一起熬煮成粥。

最复杂的还是在西瓜的表面雕刻图案。先由表哥在西瓜表皮将图案描好，再由我们几个表兄弟表姐妹按照表哥的指点来雕刻图案。图案有花鸟鱼虫、人物山水，大家熬了几个通宵，终于将图案雕刻好，然后是用食用色素给图案着色。最后，将凉好的粥放入掏空并雕刻好图案的西瓜盅内，完工后的西瓜盅已经不像一道菜了，完全是一件精美的艺术品。这时，这道特色菜“西瓜盅”，才能正式上桌等待客人的品尝。

可是，等酒宴散后，表哥却没有从客人的嘴里得到一句夸奖之词。当大家弄明白那道特色菜是用西瓜做成的时候，居然叹了口气说：“还不如用刀切成块，一人吃一块来得痛快！”这道造价昂贵、费时费力、取悦了政要和外宾的特色菜，到了咱们普通老百姓的眼里，居然一文不值！

老实人

他是一个老实人，可不是一般的老实，老实得近乎懦弱。

有人跟我说他的故事。那人说："有一次，在大街上，我亲眼见到一个人撞倒了他。那个撞人的人一见到他，便眼露凶光，喝道：'你找死啊。'他不但不与人理论，还一个劲儿地对人赔礼道歉，那样子，就像是他撞倒了别人一样。一边从地上爬起来，一边低着头拍打身上的尘土，表情讷讷的，一副不知所措的样子。最后，他被人踢了两脚，还打了一拳，才被放走。"那人一边摇头，一边说，他呀，真的太老实了。

还有人跟我说他的故事。那人说："有一次，我跟他一起去省城办事，还没到目的地，便听到有人喊，抓小偷啊，警察来了。没想到，他一听拔腿就跑。害得警察放了小偷，一路向他追去，他一着急，便往路边的绿化树丛里钻，被警察抓住了还不起来，浑身只是一个劲儿地发抖。最后，警察从他身上没找到偷盗证据才放了他，但警察怎么也想不明白，他既然不是小偷，为什么要跑呢。实在被问得急了，他竟然说，因为他从小就害怕警察。你说，你又没干坏事，你怕警察干什么？”那人一边跟我比画，一边说，他呀，真的太老实了。

听了他许多的故事之后，我笑了笑，也对别人讲起了他的故事。这也是我亲眼所见的一幕——那天，一个5岁的男孩刚走出幼儿园，便被一个歹徒劫持了。歹徒穷凶极恶地挥舞着匕首，面对几名警察吼道：“谁敢靠近，我就杀了他！”路人一个个吓得直往旁边躲，警察也许没想到歹徒会来这一手，一时间也显得不知所措。男孩更是吓傻了，连哭也不敢了。

就在这时，我看见他，就像一只猛虎，机智地迂回到人群中，然后绕到了歹徒的身后，突然大吼一声，从背后抱住了歹徒。他一口咬在了歹徒的手臂上，歹徒痛得大叫一声，放开了小男孩，然后便恼羞成怒地向他挥起了匕首。他的大腿和手臂上均中了一刀之后，警察冲上去将歹徒制服了。

倒在血泊中的他，一点儿害怕的表情都没有，反而露出了得意的笑脸。望着听得津津有味的众人，我接着说，他真勇敢啊。众人都表示不相信。但不管人们信与不信，这都是一个真实的故事。因为，我就是那个小男孩，他就是我的父亲。那件事，就发生在他从幼儿园接我回家的路上。

小草的规矩

我去镇中代课的第一天，便与教历史的李东远老师因一件小事发生了摩擦。李东远来这个全县有名的穷镇教书已经10多年了。因为个子高而且瘦，背又驼得厉害，还戴一副比瓶底还厚的眼镜，才40岁的年纪头发就白了一半，所以看上去像50岁的老头。更重要的是他在学校里人缘极差，上至领导，下至同事，没有几个人与他处得来。

那天，我刚从学校的面包车上下来，便被李东远看到了。李东远一边给我往外拿面包车上的行李，一边嚷开了："看哪，大家赶快来看哪，校领导又推荐自己的亲戚来咱们学校当老师了！"司机小王说："你别乱喊了，这位可不是学校领导的亲戚，他可是省城来的大学生。"谁知李东远并不领情，依然大喊大叫地说："大学生怎么啦，就可以随便坐领导的小车了？学校不是早就声明了嘛，这辆车只有领导在办公时间才可以坐的嘛？想当年我也是大学生呀，为什么我就不能坐坐，还有刘老师、张老师、黄老师他们怎么没有一个能坐这车的？"

我看到好几位老师都在往这边看，还围上来一些不懂事的孩子，于是便满脸尴尬地分辩："我，我不是有意要坐学校的公车的，我……"这时校长从车里钻了出来，小声对我说了句："别理他。"又大声对李东远说："我只是顺路带了人家一程嘛，我刚好去省里开会，你以为人家愿意来咱们这个穷地方啊……我说你这个人还有完没完？"

我被校长带到了教师宿舍后，脸上还似火烧般发着烫。李东远虽然弄清楚了我的身份，并遭到了校长的呵斥，但似乎仍然不服气。从那次以后，我再见到李东远便远远地躲着，并且从心眼里瞧不起他，如果不是有事找他，我是从来不主动跟他说话的。倒是他似乎转眼就将那天的事给忘记了，我想，更多的原因应该是他觉得心里过意不去冤枉我了吧，于是见了面就一个劲儿地冲我笑。也许是因为李东远是学校的元老，就连校长也不计较他的无理。尽管校长有时候生气了也冲李东远吼上几句，但从没给过他一点儿惩罚。这让很多老师心里不满。他究竟是个什么人呢，敢在学校里如此胡闹？

有一天晚上，我上完课准备回宿舍时，听到李东远在跟教数学的黄香芹老师吵架，一个大男人跟个女人吵架，还都是老师呢。终于听明白是怎么回事的时候，我差点没笑得背过气去。原来黄香芹的儿子来学校在给学生们喝水的热水器上打了一桶热水，准备提回家去洗澡，结果却被李东远看到了，当场抓住黄香芹儿子的水桶不放，说黄香芹违反了校规。黄香芹一再解释，是因为家里的热水器坏了才让儿子来这里打水的，可李东远并不相信，还大声喊道："你们家的热水器坏了？谁会相信呢？我曾经不止一次看见你让儿子来这里打水，说什么家里的热水器坏了，分明是想占学校的便宜。如果大家不相信我的话，现在就可以跟我去黄老师家验证，我敢保证，黄老师家的热水器没有坏。”说得黄香芹满脸通红地拉着儿子的手走了。就这么点小事也值得如此争吵？

这样的事几乎学校里每个人都遭遇过，虽然心里恨李东远，但又无可奈何。几乎都是小事，谁有精力去跟他计较呢？李东远不是学校领导，也没有领导授权他管这些鸡毛蒜皮的小事，可他就是愿意管，并且乐此不疲。没办法，大家只好让着他点。虽然大家都不当面跟李东远冲突，但背后说他坏话的却越来越多了。我也觉得，李东远与其花精力去管那些鸡毛蒜皮的小事，还不如多花点心思在教学上，只有将书教好了才是一个老师的职责。可是有人却说，李东远其实很聪明，他这样做完全是想坐上校长的宝座，还听说他在省里有后台，这样，大家就更加对李东远敬而远之了。

有一天，黄香芹神秘地对正在办公室批改学生作业的老师们说：“不如今天捉弄一下李东远如何？”正在大家不解其意的时候，李东远走了进来，只见黄香芹故意提高声音对坐在她身边的英语老师刘秀丽说：“哎，你知道吗，我今天看见教导处吴主任让司机小王将他儿子送到县城火车站去了，他儿子不是说要去外地读书嘛。”

如大家所料，李东远转身就去了吴主任的办公室，只一会儿，大家便听到了李东远和吴主任的吵闹声。大家一个个心里乐开了花，想想平时李东远的可恶行径，好像他才是这所学校的校长一样，这下还不让吴主任好好治治他。很快，李东远便耷拉着脑袋从吴主任的办公室里退了出来，并自言自语般地问大家：“刚才是谁，说吴主任让司机小王用公车送他儿子来着？明明是没有的事嘛。害得我，害得我……”

等李东远走出办公室后，大家再也憋不住一齐哄笑起来。

转眼，我在镇中代课已半年有余，除了对李东远这个同事不太满意外，对其他同事及学校领导我还是很满意的。加上我对教育事业的热爱，我决定申请留校任教。校长对我的申请很重视，当即便口头答应，只等教育局的文件下来，我便是学校里正式的一员了。

突然有一天，校长办公室里传来了激烈的争吵声，尽管校长极力压住喉咙不让他的声音传得太远，可李东远的声音却越来越大。黄香芹急急忙忙地跑来告诉我们：“近来学校里正准备分房呢，一定是为了房子的事情，这个李东远，平时装得比谁都大公无私，现在狐狸尾巴终于露出来了吧。”大家心里都非常清楚，这下李东远肯定得受处分了，不被开除也得给个严重警告，因为他是学校的元老，早就分到了一套三居室的房子，现在这房子可没他的份儿，可他还不满足，偏要跳出来吵闹，这能有他的好吗？

谁也没想到，校长会出手打李东远，李东远的两颗门牙当时就掉地上了，警车很快就到了现场。

最终校长被撤了职，不是因为打了人，而是因为私自转让学校的房产，从中牟取暴利。李东远也没有当上校长，他依然当他的历史老师，新来的校长是一位30多岁的年轻人，他给大家揭开了谜底。

原来校长要给李东远一套房子，借以塞住李东远的嘴巴，代价是其他老师的房子都得交出来让校长牟利。李东远死也不肯，校长恼羞成怒，最终出手伤人。

当黄老师、刘老师、张老师……还有我，每人的手里拿到一套住房钥匙的时候，都流出了激动的眼泪。令我没有想到的是，教育局早就下文件让我留校了，可校长却一直将文件锁在他办公室的抽屉里，只为了得到本来属于我的那套房子。

其实李东远并没有任何“后台”，他就像一株小草一样普通地存在着，不管风霜雨雪从来没有被压倒过，他也只不过做了一些作为学校的一员应该做的事而已，也正因为有了他的存在，这个世界才有了规矩，才有了方圆，我深深地为自己曾经漠视他的存在而羞愧。因为有了他的存在，才让我们过上了正常的日子。

一首冬天的歌

立冬后，村里的早晨便沁骨地凉。树叶儿、瓦片上都结了层霜花，太阳一出来便化成了亮晶晶的水。水珠音符般滴在青石板上，清脆、悦耳地奏响了村庄的晨歌。早起的小媳妇大姑娘们不怕冷，三五成群嘻嘻哈哈迎着沁凉的晨风来到河边洗衣。欢快的河水让她们的心情更好，将她们的笑声洗得更亮更脆，让村庄很快从一夜的沉睡中鲜活起来。

阳光暖暖地照在村前那条铺着麻石板的大路上，一群孩童嬉闹着追逐着，手里扯着丝线，扯得空中的风筝呼呼喊痛。有的将丝线扯断了，风筝很快飘上了天，将孩童的梦带到了一个很远很远的地方。

老人们比较悠闲，手里扯着一根绳，后面跟着一头牛，牛也很悠闲。这时候稻子已经成熟，一束束低垂着头，躲避着牛那贪婪的目光。田埂上的草都变得枯黄而柔软，牛依然津津有味地嚼着，回味着逝去一年的美好时光。

壮年人永远是最忙的，一边开镰收割一边为来年的责任田里积肥。谷归仓，草码垛，还要将田坎地边的杂草堆在收割完的稻田里，再用稀泥密封，发酵了，明年开春再散开，一过犁铧便到了泥里。农人称这为有机肥，农人喜欢用有机肥，胀籽又不伤田。肥好，粮自然就好，来年肯定又有好收成。

农忙完了，年关即至。农人讲究的是“有钱无钱杀只肥猪过大年”。所以，几乎每家都要养一只猪，到时一起杀了过年。谁家的猪大膘好，谁家的年事就好。而那家的女主人也会得到大家的称赞，贤惠和勤劳永远是乡亲称赞媳妇们的好词句。对于那些因懒惰不肯养猪，过年时没肉吃的人家，则会遭到所有人的鄙视。在乡下，杀猪也有讲究，不到冬至不起斩。过了冬至，井水腌的腊肉便不生蛆。乡里制的腊肉与城里的不同，乡下的腊肉首先用盐腌，然后放在太阳底下晒，再放在火上熏，火里加上檀香，以枞树枝为主要燃料。这样熏制的腊肉金黄透亮，用砂锅煮了，加入姜块、陈皮、八角等香料，其肉滑软，入口奇香，其汤鲜甜回味无穷。

过年时还有一样是不能少的。那就是豆腐，乡里的豆腐是用麻石磨，将黄豆磨碎再用水烧开，过滤成豆浆后加入石膏精制而成的。儿时我最高兴的就是母亲做豆腐的那几天。母亲做豆腐时，我就去给她灌磨，灌磨就是用勺将泡胀了的黄豆舀进磨眼里，母亲推一圈磨，我便灌一勺。看着白白的豆浆从磨齿里流出来，我就想到了那嫩而滑的豆腐。每当热热的豆腐出来后，母亲总要舀上一碗加上些白砂糖后给我吃，自从长大后来了城里我就再也没有吃过那么香甜的豆腐。乡里人好客，谁家的豆腐做好了都要叫大家来吃上一碗，不管是邻里还是路人，一律不收费。豆腐有很多种做法：油炸豆腐、豆腐丝、糜豆腐、豆腐团子……每一种豆腐做成菜后的味道都不一样。

豆腐和腊肉成了乡下过年时的两样主菜。祖祖辈辈在腊肉和豆腐的香味中生息繁衍。尽管乡下有着艰辛和劳累的记忆，许多走出了村庄的年轻人也不再留恋乡下的泥土，但村庄依然以它的沉默存在着，守候着。

第三章

草有草的快乐

草有草的快乐

休息日，我带女儿去乡下拍摄一组照片，走到一条泥泞小路时，遇上一位残腿农民。他正坐在一辆破旧的手摇车里吃力地在泥路上行走着，车后还载着一包肥料。我跟女儿见状，立即去帮农民推车，好不容易才把农民的手摇车推上了一条沙石路。农民很感激地朝我们笑，得知我们是去乡下拍照的，便邀请我们去他家里玩，说他们家便有很好的风景。

女儿心肠软，见农民残了一条腿，不由自主地说："这位大伯真可怜，生活得这么艰难，我们就不要去打扰了吧！"农民倒是一个乐观的人，立即说："小姑娘，你怎么就知道我可怜呢，说不定你去了我家就知道，我还真是不可怜呢！"

听到这话，女儿来了兴趣，跟在农民的手摇车后，我们就这样走进了农民的家。农民的家是个两层小楼，虽然看起来有些简陋，环境却幽静雅致。看惯了高楼的女儿见小楼外露的红砖，淘气地说："大伯，我还以为你是一个富翁，要带我们来参观你的别墅呢！"

农民乐呵呵地坐在手摇车里，一边请我们进屋一边说："我虽然不是富翁，住不起别墅，但我生活得并不可怜。"接着向我介绍了起来："就拿我这辆手摇车来说吧，它可是我亲手制作的，用处可多了。不但可以载人载物，还可以上楼。"

说着，他的手摇车便进入了一个木箱里，只见他突然将一条绳索一拉，随着头顶上一个滑轮的慢慢移动，农民便和他的手摇车像电梯一样上了二楼。农民上楼后，又将那个木箱放了下来，大声喊着让我们进去。我们稍稍犹豫了一下，才走进木箱。随着农民拉动绳索，我们很快也上了二楼。

从木箱里走出来，眼前突然一亮。一楼放的都是农具、柴草，看不出有什么特别之处。可二楼的布置，却让我和女儿这两个自以为在城里见多识广的人惊呆了。地板、墙壁和天花板都是木质的，还有家具也都是木质或者竹制品，整个房间就是一幅精美的图画，房间里还飘着一股好闻的香味。

农民一边摇着手摇车一边介绍，这个房间里的东西都是他跟妻子亲手设计并制作的。这时，里屋走出来一位同样摇着手摇车的女人，他得意地向我们介绍，她就是他的妻子。女人跟他一样乐呵呵地朝我们笑，还熟练地摇着手摇车为我们让座、倒茶。

从农民的家里走出来好久，我跟女儿似乎还沉浸在一个童话般的梦里。农民摇着他的手摇车，在小路上从一片草地上轧过，车轮过后，草又马上直起了腰身，农民突然问我们："你们说，是长在高山上的大树快乐，还是生活在路边的小草快乐？"我们一时竟然不知该怎样回答。农民接着说："其实，树有树的幸福，草有草的快乐。哪怕是天天被人踩在脚下，但只要还坚强地活着便是最大的快乐！”

这次的乡下之行，我跟女儿的最大收获竟然是拍摄到的那对残腿农民夫妻。我们给那张照片起名叫：草有草的快乐！

幸福与珠宝无关

没有哪个女人不喜欢珠宝首饰，因为珠宝首饰不但是爱情的象征，而且还可以在各种聚会中彰显自己高贵的气质。可是那些价值不菲的珠宝首饰，又是最难保管的。放在家里吧，自然不放心，天天戴在身上，更加不安全。于是，那些珠宝首饰就成了所有女人的心病。

美国一家珠宝首饰店，别出心裁地开展了一项这样的业务——专为那些喜爱珠宝首饰而又不想花太多心思保管的女人们保管珠宝首饰。具体方法是这样的：可以无限期地代替保管珠宝首饰，任何珠宝首饰都按原样复制一件，当然是赝品。珠宝的主人平时佩戴的就是这些赝品，但按珠宝店出具的发票随时可以去换回自己的原件。

那家珠宝店因此卖出了大量赝品珠宝首饰，赚钱不说，令珠宝店没有想到的是，这项业务已经开办近20年了，除了偶尔有人要求看一眼自己的珠宝外，换回原件的人还不到1%，而那1%的人也是因为生意破产，才迫不得已将原件换回去再变现后作为生活费用的。

一方面，那些珠宝的主人觉得，珠宝放在珠宝店比放在自己家里更安全；另一方面，她们觉得只要自己是那些珠宝的真正拥有者，至于身上佩戴的是什么，其实并不重要。加上大家彼此心里都非常清楚，那些真的珠宝都放在珠宝店，哪还有人将它戴在身上呢，自然也就没人怀疑你的购买力。这样，既不用担心珠宝的安全，又极大地满足了自己的虚荣心，于是珠宝店的生意越来越火。

50年后的一天，那家珠宝店突然遭劫。在宣布破产的时候，珠宝店需要对那些珠宝进行赔偿，可是令人意想不到的是，其中有很大一部分女主人的发票是假的。其中的原因不言而喻，那完全是她们的丈夫搞的鬼，因为他们不想花那笔购买珠宝首饰的钱，于是便借珠宝店之名，弄了个假发票并买了个假复制品来哄骗自己的妻子。得知真相的妻子们无比愤怒地结成联盟，她们认为自己的丈夫对自己不够真心，让她们感到自己的生活不够幸福，于是要求政府出面向自己的丈夫讨回公道。可是，丈夫们认为，既然已经这样过了很多年，也没有觉得生活不幸福，根本就没有必要再去花这笔冤枉钱。

清官难断家务事，就是政府也管不了这样的事啊。但面对如此多的妻子抱怨，政府又不得不重视。有一位叫亨利的官员代表灵机一动，他这样对那些妻子们说："在你们不知道真相之前，是不是感到自己跟那些真正拥有了这些珠宝的人一样幸福呢？"妻子们齐声回答："是的。"亨利说："这么说，很显然，珠宝的真假与你们的幸福生活并没有关系，只要你们继续当这些珠宝是真的，生活不是还和原来一样幸福吗？"

一颗善心

小时候外婆常给我讲这样一个故事：从前有位老婆婆，因饥渴交加而病倒在了我们村子里。很多人从老婆婆身边走过，但没一个人愿意扶她回自己家歇歇脚。喝口水，都嫌她脏，但更多的是怕奄奄一息的老婆婆会死在自己家，给自家带来麻烦。老婆婆在村口的大树下睡了一整天，直到傍晚时分，被一位打柴的后生看见了，于是便将老婆婆扶到了他家。那后生无父无母，见老婆婆可怜便将她当亲娘般养了起来。后生的一颗善心感动了老婆婆，半年后，老婆婆病愈，走时留下了一大包金子。后生靠那包金子建房、娶妻、生子，过上了幸福的生活。于是便有了这个传说，老婆婆是个神仙，专门惩恶扬善，点化世人。

谁都知道这是虚构的故事，但多年来人们又总是被这个故事感动着。外婆给我讲这个故事的用意很明显，就是希望我长大后做个善良的人，做个对社会对人民有益的人。是的，只有拥有一颗善心，才能对世间万物产生感情，也才能对生活产生美好的向往与热爱，而人们回报他的则是一个笑脸，一声关切的问候，生活回报他的是每天都有一个好心情，历史回报他的是无限崇高的敬意。反之，一个没有善心的人，一个不热爱生活的人，也是不会得到人们的尊重与热爱的。

可在这个美好的世界里，凶恶总是与善良为敌。仇恨他人，也是仇恨自己，企图毁灭他人的人，也在一点点地将自己毁灭。

如果人人都拥有一颗善心，那么世界就没有纷争，我们居住的地球村也将是个美好的人间。

活着的理由

她开着一辆红色的跑车，行驶在这个边远小镇的公路上，这就是她的家乡。她是来接她的父亲去城里享受富裕生活的。

小镇的公路有些崎岖，她将速度放慢了，一边打量着小镇的面貌，一边想着父亲在公路边上摆摊卖杂货的情景。她去城里创业10年了，也由原来一个穷人家的丑小鸭，变成了如今人人羡慕的白天鹅。可小镇的变化却不大。这让她一下子便找到了家，她想，父亲再也不用过以前的穷日子了。

令她没想到的是，父亲见到她如今的变化后，并没有想象中惊喜的表情。不但如此，她仿佛还从他的眼神中，看出了某种担忧和失落。她不明白，她今天的成功，不是父亲一直期待的吗，他为什么又不高兴了呢？她强烈要求父亲将他的百货摊丢弃，跟她去城里生活，却遭到了他的拒绝。

令她稍感欣慰的是，在她独自回城的时候，他还是对她表示出了赞许。他不停地说："我的女儿长大了，再也不需要爸爸去摆杂货摊了。"她说："是的，爸爸，您再也不用去摆杂货摊了，如果您真的不想跟我去城里生活，您就留在这里，留在您熟悉的小镇，我会定期给您寄来生活费的。”

半年后，她得到了父亲病重的消息。父亲在电话里说：“孩子，你就放心吧，能看到你今天的成功，已是上帝的眷顾了，我也知足了。”她哭着说：“爸爸，你一定会好起来的。”

不久，她的公司“破产”了。她是背着当年父亲送她出门时那个破旧的旅行包，并坐公交车回家的。一回家，她便扑进父亲的怀里，大声哭了起来。她说：“爸爸，我的公司破产了，我又变成了一个人人看不起的丑小鸭。”

她看到父亲的眼神突然变亮了。他就像变了一个人似的，一扫病中的萎靡，竟然精神了许多。他一边帮她抹眼泪，一边安慰她说：“孩子，一切都会好起来的，有爸爸在呢，你还怕什么？”从小，她就是听着父亲的这句话长大的，但是，现在她似乎有点不敢相信了，她知道年老的父亲，只不过是在说着力不从心的话语，来安慰她而已。

但是，她错了。原本躺在床上的父亲，居然在第二天早上就下了床。他见她还在熟睡，便一个人推着杂货摊上街了。当她醒来时，他已从镇上回来，他高兴地从怀里拿出一包煎饼，说：“你猜猜，爸爸今天又赚了多少钱？”她接过煎饼，香香地咬了一口，然后问：“多少？”父亲笑着说：“整整 50 元呢！”她惊叫一声：“什么，那么多？”父亲得意地说：“怎么，不相信吗？”

从此，他们又过上了过去那种简单的生活。每天大清早，父亲便会推着他的杂货摊上街，然后给她带回来一袋煎饼，她的工作便是欢天喜地地接过父亲的煎饼，猛吃起来，然后在家里干些家务活，为父亲明天出摊做准备。生活虽然简单，但父亲却生活得很快乐。转眼，10 年过去了。父亲一直不知道，她其实没有破产，虽然她跟父亲依然过着简单的生活，但她的公司却在她的遥控下，发展得越来越大了。

后来，父亲又在这种简单的生活中活了 10 多年，才在平静中去世了。直到去世，他也不知道她拥有一份庞大的产业。于是，很多人不理解，她既然拥有那么庞大的产业，为什么还要让父亲过简单的生活，而不将他接去城里过富裕的日子呢?

小镇上唯一知道她秘密的医生，道出了她的心声："如果她早早地将父亲接去了城里，他很可能在 20 年前就去世了。"因为女儿的成功，让他一下子失去了活下去的理由。所以，她的"破产"只不过是给他找了一个活着的理由而已。这也是她唯一能够给父亲的东西，那就是接受父亲的爱护。

向孩子学习

女儿上小学了，可成绩却不理想。

特别是做家庭作业时，不是缠着我问，便是缠着她妈妈问。问一遍还不行，往往要问许多遍才能做好。我知道，这是明显上课没听讲的表现。

一天，我正在写稿子，女儿又拿着作业本过来了。我只得停下来，对她进行辅导。我讲了许多遍，女儿还是直摇头。因为心里惦记着那篇未完成的稿子，我便让女儿先自己思考。可女儿依然摇头说她不会。我终于第一次冲她大声吼了起来："谁让你上课时不专心听讲的？自己的作业，自己完成！"女儿委屈地哭了起来。她越哭闹，我越是烦。

一天晚上，我去楼下扔垃圾，无意中发现楼下一对父女，正在做家庭作业。父亲跟我的年纪相仿，女儿也跟我的女儿差不多大。父亲是小区里的清洁工，平时兼做一些收破烂儿活计，他们一家就住在我们楼下一间租来的车库里。

我们做家庭作业时的气氛是紧张的、烦恼的；而他们做家庭作业时的气氛却是和谐的、愉快的。我不由得走进了他们家，很想向那位父亲讨教，他是如何教女儿做家庭作业的。

我的提问，让父女俩有点不解。那位父亲讷讷地说："你是想问，我是怎样教女儿做作业的？"我点了点头。女儿接着说："叔叔，你可能搞错了吧，应该是我教爸爸做作业才对。"我不解了，问："你是女儿，他是父亲，怎么会是你教他做作业呢？"

那位父亲的脸，一下子红到了耳朵根。他将我拉到一边，轻声说："你可别笑话我，我家里穷，从小就没读多少书。现在好不容易将女儿送到学校去了，看着女儿天天去读书，我的心也痒痒的，也想读书了。但是，我这把年纪，哪里还能去学校，只得求女儿教我，我这是在向女儿学习文化知识啊！"看那贴满了奖状的小小房间，再看那对认真学习的父女，我心里涌起了阵阵暖流。当我走出那间小屋时，那位父亲认真学习的情景，与那个女儿认真教学的情景，依然在我的脑海中盘旋。

突然，我的脑中灵光一闪，我何不学一学那位父亲，也向女儿学习文化知识？以后，女儿再让我辅导作业时，我便装作什么也不懂的样子，反问她。我说"现在上学的人是你，不是我，上学的孩子，就要好好地向老师学习文化知识，再回来教爸爸妈妈。"

奇迹出现了，从此，女儿再也没让我辅导她的作业。每天一回家，便是认真地将家庭作业做好后，再将从学校里学来的知识，转教给我。因为要教我，上课时，她必须认真听讲。在教我的过程中，她又复习了一遍，知识得到了巩固。从此，女儿不但不需要我辅导，而且成绩越来越好了。

女孩和男孩

女孩喜欢男孩，男孩也喜欢女孩。但家长和老师却不准他们来往，经常提醒他们要以学习为重，女孩和男孩便只能在心里偷偷地想着对方，偶尔见面了也只能用目光交流。

后来女孩和男孩毕业了，并且都参加了工作，女孩很想去找男孩，男孩也很想去找女孩。但单位领导却常跟他们讲，年轻人要以工作为重，男孩和女孩虽然同在一座城市，偶尔也有见面的机会，但却从未打过招呼。

女孩长大了，家人开始为她物色对象，女孩很烦恼，为什么不是男孩呢，女孩便不答应。可又经不住家人的再三劝说，还是犹豫着答应了，女孩想既然男孩喜欢她，为什么不来找她，哪怕是写封信也好啊。男孩也长大了，家人也在给他张罗婚事，可男孩喜欢的是女孩，就在他鼓起勇气准备去找女孩时，却听说她已经出嫁了。男孩很失望，但一切都晚了，只得娶了另一个女孩。

结婚后，女孩依然喜欢男孩，男孩也同样喜欢女孩。亲人和朋友都在他们耳边说，成年人要以家庭为重，以子女为重。尽管他们的心里依然惦记着对方，可他们谁也没去找过谁。

随着子女日渐长大，他们也都老了。女孩变成了老太太，她的老伴因经不住岁月的侵蚀早早地离开了人世。男孩也变成了老大爷，他的老伴儿也经不住时间的考验，离开了人世。这时，子女们都参加工作并且有了自己的家庭，老太太和老大爷的日子变得越来越清闲。于是，他们又不约而同地想起了对方。子女们让他们安度晚年的话语，常常令他们既温暖又心酸，他们都知道自己的生命不长久了。于是，他们偶尔会在公园里见面，跟随跳舞的人群舞蹈，跟着打太极拳的人挥剑，只是看向对方的眼神已渐渐平静了。

突然有一天老太太住进了医院，老大爷也住进了医院，他们都被查出患了癌症。一瞬间，生命之外的东西都变得不再重要。就在这时，他们不约而同地想起了对方，固执地一定要去看一眼对方，他们不能带着遗憾离开人世！他们终于见面了，在子女的搀扶下，他们缓缓地向对方走去，老泪纵横，无语凝噎。一旁的子女和护士们也感动得流下了眼泪。

于是，他们互相鼓励着，一定要战胜病魔，勇敢地活下去，他们还向医院要求住到了一间病房，这样他们也好相互照顾。那段时间是他们一生中最美好的日子，快乐的日子总是过得特别快。不久，医生给他们做了全面检查，结果是，癌细胞不见了，他们的病奇迹般地好了！双方的子女都很高兴，都说要好好庆祝一下。他们接走了各自的老人，在豪华酒店设宴款待所有亲朋。但两位老人却不高兴，望着满桌佳肴，他们竟流下了眼泪。子女都不解地问老人怎么生病时那么高兴，病好了反而不高兴了呢。老人们不吭声，只是默默地摇头。

让人进步的谎言

一次周考过后，我问读小学二年级的女儿："考得怎么样？"女儿犹豫了一下之后，才有点不好意思地说："还可以吧。"我又问："怎么个还可以法？比如说，在全班排第几名？"

女儿没有正面回答，说："第一名不是我，是她。"我紧紧地追问："她是谁？你又排第几呢？"女儿说了一个女同学的名字，然后叹了口气，说："我只排到了第二名。"此时，我的心里也终于松了一口气，虽然没有拿到第一名，全班 50 个同学，能够排第二名也不错了。于是，我一边夸她挺争气，还一边答应带她去吃肯德基。

但女儿的兴致似乎不算太高，她妈妈也在一旁劝她，说："不就是考了个第二名嘛，已经相当不错了，不要难过啊，下回咱再努把力，把第一名争回来就是了。"

可是，几天后，妻子告诉我，女儿在撒谎。我赶紧问是怎么回事。妻子说，她问过老师了，老师说她不是排在第二名，而是排在第十二名。这么小的孩子就会撒谎了！我的心里很难过，说要等女儿放学回家后，好好训她一顿。妻子也觉得这么小的孩子不应该撒谎，考好考坏，我们当家长的也没怪她呀，她怎么能够撒谎呢？但妻子不主张我训她一顿，害怕伤了她的自尊心。就在我不知如何是好时，我的一位研究心理学的朋友来家里做客。

当朋友知道事情的经过之后，不但没有丝毫的担心，反而开心地大笑起来。我和妻子很是不解。朋友说："其实，作为小学低年级的孩子，这类谎言对他们不但构不成伤害，反而是一件非常有利的事情。因为他们懂得了向上看，向前看，对比自己强的人产生了'忌妒'心理，也正是因为有了这种心理，会潜移默化地推动他们去争取更好的成绩。许多家长在面对孩子的这类谎言时，会不知所措，有的甚至还会提出严厉的批评，其实那是错误的，正确的方法就是视而不见，静观其变。"

果然，第二次周考时，当我再问女儿考得怎么样的时候，她非常干脆地回答："第二名。"我假装不知，说："唉，怎么又是第二名呀。"女儿高兴地说："您就等着吧，下次我一定会考第一名的。"

这次，女儿是真的考了第二名。我跟妻子暗暗高兴的同时，又暗自庆幸，幸亏没有戳穿女儿的"谎言"，更没有严厉地训斥她。不然，就没有女儿现在这么神速的进步了。

贱卖的生意

有一个商人，因为父亲患有轻度智障，从小就对他疏于管教，对此，商人一直耿耿于怀。

小时候上学，如果遇上下雨天，他连一双雨鞋、一把雨伞也没有。午餐也就是一个馒头，连咸菜都买不起，学费总是一拖再拖，拖得老师都发火了，父亲也不给交清。就这样，商人勉强读了个初中，就再也没钱上学了。商人想，如果不是他自己去努力追求，他就是去街头流浪，也没人会管他的。

商人决定不再让儿子走自己的老路，他要给儿子一个富裕、舒适的生长环境，还要指导儿子怎样去追求成功，决不让儿子再走自己曾经走过的弯路。上学的时候，他不但让儿子吃好、穿暖，而且总是亲自开车接送。由于他没读过多少书，便请了个家教，专门辅导儿子的家庭作业。

可是，不管商人怎样用心，儿子的成绩依然糟糕透了。在复读了三次依然没考上大学后，商人决定让儿子跟着自己学习经商。很显然，儿子也不具备经商的才能。因为商人的两个店面，接连被儿子弄得关门倒闭了。商人茫然了，难道自己给孩子的、教孩子的，还不够多吗？为什么孩子却成不了器呢？

也许是思虑过度，也许是遗传因素，突然有一天，商人也成了一名智障患者。更让儿子伤心的是，商人竟然糊里糊涂地将生意全贱卖给了别人。儿子不但没了经济来源，而且一家人的生活重担，也全压在了他的身上。

从没吃过苦的儿子，在苦撑苦熬了一段时间之后，决定破罐子破摔，干脆不管了。他的商人父亲，对此也没有任何言语。儿子抱着父亲哭了，如果不是因为他患了病，看到儿子这个样子，他一定会管的。为了一家人能够继续生活下去，儿子又咬牙接过了重担。这副重担一挑就是10年，儿子从最初的给人打工，到后来自己当老板，竟然一步一步地又将父亲当年的生意做了起来。

一天，当儿子坐在宽敞的办公室里那张宽大的老板椅上的时候，不由得自言自语地说："如果不是因为父亲患病了，我何至于吃这么多苦啊。"

"不，孩子，如果我没有患病，你吃的苦可能更多呢。"儿子突然听到父亲的声音在自己身后响起，"正是为了你能成才，我才装病，并将生意贱卖的。我知道，如果我不这样做，你将会一事无成啊！"

儿子泪流满面，不知是因为委屈、高兴，还是因为难过、欣慰。商人边给儿子抹眼泪，边说："一个人，不管别人怎么去引导，甚至是逼迫，如果他不愿意，都是很难成功的。但是，如果一个人主动地去追求，哪怕前面荆棘密布，他也会披荆斩棘地达到成功的顶点。"

选　择

在大学生即将毕业的一堂课上，教授随手从自己的口袋里拿出一个钱包和一个笔记本，并高高举起后问："同学们，现在我想向即将走向社会的你们出一道测试题，这道题对你们今后的择业可能会有帮助。我这里有两样东西，一个是钱包，一个是笔记本。请你们选择一样东西。"同学们不约而同地举手要钱包。谁不希望自己今后能够找家经济效益好的公司啊？

教授一连问了几声，还是没一个人选择笔记本。于是，他慢慢地打开了钱包，里面空无一物。他再翻开笔记本，里面夹着一张张百元大钞。教授的举动在同学们中"哗"的一声炸开了锅。就在大家哗然的时候，教授又拿出两样东西，还是一个钱包和一个笔记本。教授说："如果觉得自己选错了的，还可以再选择一次。"

这次大家都没有急着选择，而是在两样东西中犹豫不决。大家想，教授肯定不会再次将钱夹在笔记本里，也许这次选择钱包才是正确的。几分钟的沉默后，有一部分人举手选择了钱包，另一部分人也跟着选择了钱包。还是没有一个人选择笔记本。教授慢慢地打开了钱包，钱包里还是什么也没有，而笔记本里仍然夹着一张张百元大钞。同学们中再次“哗”的一声炸了锅，显然，大家都后悔没有选择笔记本。就在大家后悔不迭的时候，教授再次从口袋里拿出两样东西，仍然是一个钱包，一个笔记本。教授说：“如果都觉得自己又选择错了，我还可以给大家一次机会。”

可是，这次却没有人敢选择了，因为这是第三次，也可能是最后一次，如果这次再选错了呢？面对教授的催促，大家不得不进行了艰难的选择，有一个人小心翼翼地举起了手，他觉得自己还是应该选择钱包，因为他不相信教授还会将钱放在笔记本里。于是有不少人也跟着举手选择了钱包，最后，那些犹豫不决的人也选择了钱包。还是没有一个人选择笔记本。教授再次打开钱包，空的，又打开笔记本，里面是一张张的百元大钞。这次，大家没有哗的一声炸锅了，而是目瞪口呆地望着教授。教授说：“其实我从头到尾就只有一个钱包和一个笔记本，而这个钱包自始至终都是空的，那个笔记本里则一直夹着那些百元大钞。”

教授没有立即发表自己的意见，而是接着讲了一个故事。有一个野生动物学家对一群狒狒的测试结果，与这次的测试结果极为相似。野生动物学家用一块很像豹子皮的花布做了一只假豹子，假豹子里塞满了玉米，然后用一块绿色的布包住。当进入狒狒群后，再将绿色的布掀开，当狒狒们看到那只假豹子时，都惊恐地尖叫着四处逃开了。这样测试了几次后，尽管狒狒也知道那只豹子是假的，并且还吃过动物学家从假豹子里掏出来的玉米，但还是被吓得一次次远远地躲开。野生动物学家又将一根塑胶制成的假玉米棒丢进狒狒群，这时，狒狒们没有躲藏，而是蜂拥而上地抢夺起来。当得知是假玉米时，狒狒们还是舍不得丢掉，而是紧紧地抱在胸前。

最后，教授说："这就是惯性思维。人和动物一样，都被这种惯性思维所左右。人们以为钱夹便是用来装钱的，笔记本是用来写字的，没人会想到它们也可以调过来用。狒狒们以为像豹子的花布便是豹子，像玉米的橡胶棒便能吃，它们也想不到像豹子的花布里会装有玉米。所以，我们在求职的时候，一定不要被公司表面的光鲜所迷惑，还要了解公司内部的软性环境和条件。最后，我要告诉大家的是，不管何时，选择笔记本比选择钱包都重要得多。因为笔记本里是你所学到的知识，只要有了知识，难道还怕没有财富吗？"这时，在那些惭愧的学子们中间终于响起了热烈的掌声。

爱的本能

作为电视台的跑腿记者，我几乎是全天24小时都处在待命状态，随时为突发事件外出采访。一天傍晚，刚刚准备吃晚饭，我的手机突然响了，台里接到观众报料：江北路上刚刚发生了一起交通事故。当我赶到现场的时候，交警和医护人员已经作了相应的处理。

情况是这样的：伤者有三人，一个坐轮椅的男人，大约40岁。一个和男人年纪相当的女人，还有一个10来岁的小女孩。因为一辆出租车方向盘突然失灵，撞到了人行道上，致使三人遭到重创。虽然司机没受伤，但他却被眼前的情景吓得面如土色，不知所措，显然是一位新手。三位伤者自出事后便一直昏迷不醒。其中男人的伤势最重，其次是女人，伤势最轻的是那个小女孩。根据目击者的描述和交警的现场勘察，当时男人所处的位置正好在路边上，而女人和女孩所处的位置却正对着出租车冲过来的方向。可是，为什么偏偏是男人的伤势最重呢？并且方向也有很大的变化，出事前，女人和女孩处在出租车和男人的中间，出事后，男人则处在出租车与女人和女孩的中间。

虽然三人都处在昏迷之中，无法采访，但我们还是可以从这些细节上看出，他们是一家人。坐在轮椅上的男人是高位截瘫者，他的妻子和女儿在傍晚时分推着他出来散步。车子的挡风玻璃上留下的是男人的血和他后脑勺上的头发，危难来临时，女人首先想到的是自己的女儿，她一手将女儿抱在了怀中，男人则将妻子和女儿紧紧地抱在了怀里，然后急速在原地转了一个圈，让自己的后背对着疯狂地冲上人行道的出租车。在采访的过程中，那位第一个赶到现场的医护人员表示，她在救助男人的时候，在男人昏迷之前，她听到了男人说的最后一句话："你还是先去救她们吧，我是男人，我还挺得住……"

是的，他是男人，哪怕身患残疾，也是全家人的保护神，他理当以自己的血肉之躯来保护自己的妻子和女儿，这就是一个真正的男子汉的伟大之处。感动之余，我决定提前将稿子写好尽早让它与观众见面。

就在我准备将写好的稿子交给电视台播报的时候，医院打来电话，说那个女孩醒了。虽然小女孩已经脱离了生命危险，可是却一直在说胡话，可能精神上受了刺激。不管怎样，我还是得去见一见这个女孩。好在稿子还没播，如果有新的情况，改写也来得及。

在医院里，女孩竟然不认识她的爸爸妈妈了，她说这个男人不是她的爸爸，这个女人也不是她的妈妈。她还哭着喊着要回家。由于害怕她的病情恶化，医护人员只得耐心地安慰着她，等她的病好一点了再送她回家。面对女孩的这种情况，我当然问不出什么话来了。可是，就在这时，女人也醒了过来。女人也说自己不认识眼前的这个女孩和男人。莫非女人也因受了刺激而精神错乱地说起胡话来了？接着男人也醒了，男人也说他不认识面前的女人和女孩。莫非他们都说起了胡话？

原来，他们原本就是走在路上的陌生人。因为男人的轮椅在上坡时挺艰难，女人便帮着推了一把，这时又从后面走来了一个女孩，女孩刚刚放学，她见一个阿姨困难地推着一位叔叔，觉得自己也应该帮着推一下。没想到这时一辆失控的出租车突然冲向了他们……

女人说："我当时什么也没想，因为我是一位母亲，我只不过是以一个母亲的本能，将那个小女孩揽进自己怀里的。"男人说："这没有什么，我只不过是以一个男人的本能来保护弱小的她们而已。"

抢劫犯的眼泪

一个二十八九岁的汉子，已在这家叫梦幻的餐馆靠窗的位子坐了将近一个小时。他观察到，这家餐馆的工作人员总共才三个人。那个炒菜的矮个子黑脸男人可能就是老板，坐在总台边收钱的应该是老板娘，还有一个20岁左右的女服务员在给客人们倒茶端菜。汉子的手不由自主地握了握藏在怀里的弹簧刀，如果动起手来，就算他们三个人一起上也不是他的对手。至于其他食客，相信他们不但不会管这档子闲事，反而还可以借机逃掉一顿饭钱。

汉子正在胡思乱想时，一个十二三岁的小姑娘走到他的桌前坐了下来。小姑娘要了一碗水饺，正准备吃时瞅了一眼汉子面前那只空空的碗，那脆脆的声音便在汉子的耳边响起："叔叔，你还要吃吗，要不要我给你一点？"汉子摇了摇头，将脸转向了一边。小姑娘见汉子表情严肃，便不敢再吭声了，一个人默默地吃了起来。饺子又大又白，显然小姑娘很喜欢吃。突然，她的小手一抖，一个快到嘴边的饺子突然掉在了汤碗里，汤水不但溅到了她洁白的裙子上，还溅到了汉子身上。正在沉思的汉子没怎么在意，小姑娘却慌忙站起来拿了张纸巾要给汉子擦衣服。

如果不是汉子躲得快，小姑娘的手就会触到他怀里的弹簧刀。尽管汉子没吭声，但小姑娘却并没有从他戒备的眼神中读到他不友好的信号：“叔叔，要不，我赔你一件衣服吧。”此时汉子根本就没有心思听小姑娘说话，他突然站起来，从怀里抽出那把雪亮的闪着寒光的弹簧刀，几步便蹿到了总台边：“快，把钱全都拿出来！”所有的人都被汉子的举动吓呆了，特别是坐在总台边的老板娘。只见她浑身筛糠似的颤抖着，任凭汉子的刀尖在她的眼前不停地晃动，她也无动于衷。其他食客终于回过了神，纷纷离座而去。

这时，小姑娘却毫无惧色，她走到汉子的身后依然脆脆地说：“叔叔，你别要他们的钱，我这里有，我的钱全都给你，如果不够，我带你去我家里拿也行。”也许是小姑娘那张稚气的脸让汉子怔了怔，他高举在空中的弹簧刀竟然没有落在老板娘的身上。可就在汉子愣怔的当儿，远处竟隐约响起了警笛声。汉子撇下小姑娘就往外跑。汉子听到身后有人在追，他便跑得更快了。

小姑娘也远远地跟在汉子的身后，当汉子跑到第二条公路时，他听到了小姑娘的喊声：“叔叔，注意车子！”汉子一个急停，一辆大货车呼地开了过去。汉子吓出了一身冷汗。与此同时，他听到身后响起了一串急促的刹车声。汉子看见小姑娘已躺在了第一条公路中间，她的身边流了一摊血，一名出租车司机吓得面色惨白瘫软在了车里。

汉子疯狂地向小姑娘跑去，一把抱住她就冲那位吓傻了的出租车司机吼道：“快，快送医院！”

医院就在这家餐馆的旁边，小姑娘的母亲就在医院的门口，她本来是一直陪着小姑娘的，因小姑娘执意要去这家餐馆吃一碗饺子，她的母亲便让她去了。母亲说她在这里等她，就在小姑娘的母亲转过身去附近的商店里给女儿买裙子时候，小姑娘就出事了。小姑娘躺在病床上，拉着汉子的手不让他走，她的脸上挂着可爱的笑容："叔叔，你要答应我，再也不要去抢别人的钱了好吗？"当汉子从小姑娘的母亲那里了解到，小姑娘是一个身患绝症的病人时，他的眼泪就大颗大颗地滚了出来。他扑通一声跪在地上，自言自语地说："我真浑啊，一个大男人，居然因为失业了就去抢劫……"

他乡的小妹

有位朋友从深圳打来电话，说他大哥的女儿好长时间没找到工作，希望我能帮个忙。第二天果然就有个十八九岁的女孩来找我。

她还是个刚走出社会的姑娘，双眸明亮清纯，很文静，很美丽。我以主管的职权给她谋了个车间计料员的工作，轻松且有一份较稳定的收入。她很感激我，就时常“叔叔、叔叔”地叫，让人喜爱。我闲时也带上她去风景区逛逛，或去小餐馆吃夜宵。她如一只欢乐的小鸟，依着我一路欢歌笑语，时光就这样愉快地流逝着。

突然有一天她说，我还是叫你大哥吧。我问为什么？她头一歪，双手紧紧地将我的臂膀抱住：“因为……因为你只比我大了几岁而已。”我说：“我可是跟你小叔叔同年的呢。”她便突然低下了头，像是在思考着应付我的话。然后抬起小脸极认真地说：“小叔叔与你不同。”我故意问：“怎么个不同法？”她终于红着脸开始生气了，嘟着小嘴在我耳边大喊：“不同就是不同，你不让我叫我偏要叫，大哥、大哥、大哥……”我就真的如大哥哥一样，随意地握着她的小手，心灵如不设防的窗，恬淡而自然。

有次应公司要求，我去汕头的分公司出差半月。回来时，猛然与她相见，她竟当着许多人的面，不顾一切地扑进我的怀里。仅仅半月不见，她便憔悴了很多，也成熟了不少。当晚她将一个日记本交给我。娟秀而清香的字迹，芬芳了我的疲惫我的孤寂。“寂寞的时候，便很刻苦地想你，想你的模样、你的声音……我不希求去感动别人，但求你是我的唯一……”

读着她的日记，感受着她细腻而真挚的情谊，我的眼睛有点潮湿了。我知道自己不该隐瞒关于自己的归宿。我并无资格给她爱。

我坦率地讲：“尽管我喜欢远方，喜欢流浪，但我的归宿依然在故乡，在故乡还有一位同样朴实同样善良的女孩……”

她含着一眶酸酸的泪水转身回了宿舍。我意识到我该远离她了，我不能使我们的友谊升华为爱情，因为我们之间始终隔着一道难以逾越的鸿沟。我不能辜负了朋友的信任，更不能让远在故乡的她，痴痴地期待之后却是空空的结果……

我背起自己的行囊，携着脆弱的心和淡淡的忧伤，在一个雨天离开了公司，去了汕头的分厂。一年后，在故乡的她不停的催促下，我必须回家完婚。我途经公司，我好想再见见她，我时常牵挂的小妹。相见时，虽已不再如当初般的热烈，但我依然能够感觉到她掩饰不住的企盼里，隐藏的欣喜与深情。我轻拂她黑亮的头发，她的脸庞依旧白皙如脂。那一瞬，我感受到了爱。我轻轻地揽住她，让她的头发在夜色中飘动，轻拂我的脸。

“我想吻你……”我低下头去，喁喁地说。她轻轻地闭上了双眼，脸上却有两行晶莹的泪水。我的心一颤，最终没有吻她。

离开南方时，她去火车站送我。我们四目相对，爱意朦胧，柔情似水。但我毕竟是要走的，而且是永远地离她而去。而她也终将会成为别人的新娘。

火车拉响了长长的汽笛。她开始向我遥遥挥手，明亮的双眸定定地凝视着我，柔柔的美丽的目光，依然灿烂如春。那一刻我读懂了她清澈的柔情，那是一个多情女孩细腻的心语低诉。

大哥……一声声牵动了我心灵的呼喊，让我泪流满面。

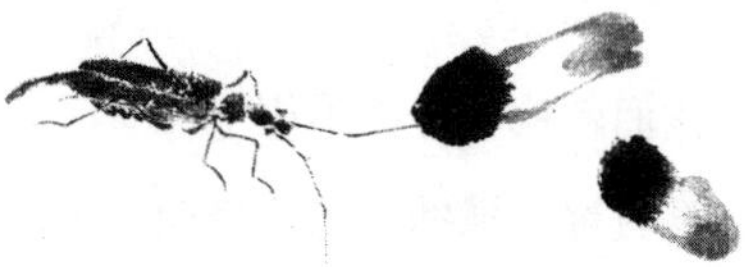

一个人的一等奖

有一次去广州的一家电视台现场看竞赛演出，节目一个比一个精彩，让人看得眼花缭乱，不时从观众席上传来热烈的掌声。但台下的评委们却未表现出过多的热情，而是沉着应战，一副力求做到公平公正的样子。

当一个舞蹈节目开始的时候，所有观众都被那一群洋溢着青春热情的女孩们所感染，并跟着旋律打起了拍子。节目结束，尽管观众的掌声热烈，可是评委们却好评不多，有的评委还提出了许多意见，甚至是挖苦。面对评委的刁难，不说演员，就是台下观众的心里也不舒服，有的还当场吹起了口哨，表示抗议。

果然，台上女孩们的脸上都挂不住了，演出时那灿烂迷人的笑容也渐渐消失了，有自尊心强的女孩还掩面哭了起来。评委们似乎故意要跟女孩们作对似的，完全不管她们心里的感受，竟然还在继续挑剔着她们的缺点。

最后，一位一直没有说话也是最权威的评委作总结点评：这个节目本来是可以获得一等奖的，之所以没有被评为一等奖，最终的原因是，女孩们的心理承受力不够强，刚才评委们只不过是在试探她们，这也是演员必须通过的一项考试。结果女孩们的表现是，当听到别人的好评时，便沾沾自喜；而当面对别人挑剔的时候，便不知所措。这样便给她们原本出色的表演蒙上了阴影。严格来说，这个节目连二等奖都评不上，但是因为她们中间有一个女孩自始至终地面带微笑，不管是面对好评还是差评时都没有表现出骄傲或不满的神色，足以证明她的心理承受能力是不错的，所以应该加分。

顺着评委手指的方向，人们果然看到了那个微笑的女孩，她站在靠舞台门口的最边上，如果不仔细看，几乎感觉不到她的存在。她果然一直微笑地面对着观众和评委。此时，人们不得不佩服，评委们的眼睛是雪亮的、超常的。他们竟然观察得那么仔细，不但不放过表演的每一个细节，就连每一个人的表情都不放过。

就在观众席上的掌声渐渐停止的时候，主持人习惯性地将话筒对准了那位一直微笑的女孩。女孩却不说话，只是微笑、摇头。这时，她们的领队走上舞台接过话筒说，这个女孩最近因患病而不能开口说话，而且听力也受损了，很有可能会变成聋哑人。此言一出，台下哗然，就是久经沙场的评委们的脸上也挂不住了。从这一点上不但可以看出，这些女孩的心理承受力都不行，还可以看出，评委们的眼光也不行。那位女孩之所以微笑，是因为她听不到评委们的酷评。顿时，全场出奇地安静了下来，大家都想听听评委们还有什么话可说。

就在这时，那个女孩似乎感觉到了什么，她用手语跟主持人要了纸笔，她在纸上写道："我是一个患病的人，这次也许是我最后一次上台了，我知道评委们对我们的演出提了不少意见，我不在乎得不得奖，我只想将自己最美丽的笑容留给观众。”

我悄悄地观察着，不仅是台下的观众和台上的演员，就连评委们也为这个坚强的女孩流下了感动的泪水。她才是一个完美无缺的演员。最后，所有评委一致认为，那个节目应该获得一等奖，观众们用雷鸣般的掌声表示了赞同。

没有理由

她出生于一个贫困的家庭，从小受人冷眼，加上一颗脆弱而敏感的心，让人很难接近。他出生在一个殷实的家庭，优越的生活条件让他总是被众人的目光包围。谁都不认为他们之间会有故事发生，可是，他偏偏在许多双忌妒的眼神中将一大捧玫瑰花送到了她的面前。他说：“我爱你，请你做我的女朋友吧！”令人们失望的是，她并没有幸福地接过他手里的玫瑰花，而是生气地将玫瑰花打落在地上，她说：“你凭什么当众羞辱我？”望着满地飘落的玫瑰花瓣和她转身离去的背影，他呆住了。

很多人都劝他，像这样性情古怪的女孩子，不要也罢。可是，他偏偏不听。并且，坚持给她送花。她终于明白了，他并不是想羞辱她，而是真的爱她。她接受了他的花和他的爱，可是他的父母不肯接受她。有一天，当她去他家找他的时候，她听到他的母亲对他说：“一个乡下丫头有什么好？”刚刚推开门的她转身就跑。他追出来，边追边解释，可是她不听。她最终躲到了乡下老家不肯见他。他知道她敏感，容易受伤，在他的一再保证下，她才同意跟他和好。

他的保证是：他们在外面买一套房子，不跟他的父母住在一起。他们就这样结婚了。

婚后，他经营一家公司，她在家做全职太太，很多人羡慕她，她自己也感觉生活中充满了阳光。可是，有一天，当她走进他的公司，看到宽敞明亮的办公室里，坐在总经理位置上的他，被那么多高贵而美丽的女职员包围着的时候，她愣住了。特别是当那些女职员忌妒的目光射向她的时候，她感到自己的心被深深地刺痛了。他那么优秀，而她有什么呢，她什么也没有，他身边那么多漂亮的女人，他迟早会变心的。她想，与其等他变心后再赶她走，她还不如自己早点走的好。

打定主意后，她给他留了一张字条便出门了。从没出过远门的她，很快就被人骗到了一个遥远的地方，仅以几千元人民币的价钱，卖给了一个大她十几岁的男人做了老婆。为了找她，他卖掉了公司，在所有的报纸上登了寻人启事，这还不够，他又徒步几乎走遍了全国，在所有能贴广告的地方贴上了寻人启事。

终于，皇天不负苦心人，五年之后的一天，他在当地派出所的帮助下找到了她。可是，她却躲着不肯见他，此时，她不仅仅是因为内心脆弱害怕受伤了，更重要的是，她由于得不到自由而长时间地哭泣，双眼已经失明。她不想让他看到她现在的这个样子，她害怕他瞧不起她，以前她是一个健康人的时候，她在他的面前都抬不起头，现在她连眼睛都瞎了，他肯定会更加瞧不起她！

令她没有想到的是，在这几年的风餐露宿中，他不仅仅是折腾完了全部家产，还将自己的身体弄垮了。他得知自己患癌症的消息时，已是晚期。他悄悄地写下了遗嘱，要将自己的眼角膜捐献给她，他的爱人！

她终于重见光明。重见光明后的她，只想问他一句：“你为什么要对我这么好？”他早就知道她会问这句话，他在给她的信里写道：“不为什么，只因为我爱你，爱你，没有理由……”她手捧他的信，望着他们已经褪了色的结婚照，号啕大哭，她说：“早知道是这样，我就不会离开你，跟你好好过日子，一辈子守着你……”

很多时候，我们都会固执地认为，两个人的婚姻，肯定会有理由，要么是门当户对，要么是郎才女貌。可是，等明白过来，真正的爱情是没有理由的时候，一切都晚了。

都是最亲的人

他一直怀疑自己不是母亲的亲生儿子。因为从很小的时候起，他就隐隐约约地听到村里人在他的背后说起他，说他不是他母亲生的，而是捡来的。当然，虽然有些不信，但他也有一丝怀疑。他之所以这样想，完全是因为母亲一直偏心他的弟弟，家里只要有了好吃的，母亲便要给弟弟一大半，他只得一小半。更加让他感到不公平的是，他的弟弟可以想上学便去学校，想翘课便回家来玩。他则不能。有一次，当他提出也想跟弟弟一样翘课回家玩几天时，不但没有得到母亲的支持，还遭到了一顿痛骂。

他将自己的遭遇告诉了一个玩得好的小伙伴。小伙伴给他出主意：要想弄清楚他是不是母亲的亲生儿子也不难，只要一试便知分晓。他听了小伙伴的主意后，刚开始时怎么也不同意，但仔细想了想，除了这个办法，他又拿不出更好的办法来，除非他不想弄清楚自己的身世。最终，他还是同意了小伙伴的方案，但他反复交代，在测试的过程中，一定要小心，不能伤到了他的母亲。

小伙伴在给他的母亲留下一张纸条后，便迅速地跟他一起跑到了村后的山坡上，他假装是被绑票分子绑来的，小伙伴便充当那个绑票分子。小伙伴比他大两岁，个头也不小，用一块黑布蒙上面后，谁也看不出来他还是个孩子。

看到纸条的母亲很快便赶到了后山。母亲朝小伙伴大吼了一声说："你放下我的儿子！"他想不到母亲真的会来救他，而且还如此勇敢。小伙伴被他母亲的气势吓住了，一时竟然站在那里不知所措起来。他的母亲像一只发怒的老虎般朝小伙伴扑了过去，并狠狠地抓住了小伙伴手里的刀。小伙伴一慌，本能地与他的母亲扭打在了一起。他想喊，可是他的嘴里塞了一块破布，还被牢牢地绑在了一棵大树上，动弹不得。小伙伴说，如果不这样，便会被他的母亲看出破绽来。谁知母亲根本就没来得及看清楚是不是假的，便冲向了"绑匪"。

在母亲与小伙伴扭打的过程中，由于过度惊慌，小伙伴一失手，刀尖便深深地扎进了母亲的手臂，鲜血汩汩地流了出来。小伙伴吓呆了，当他意识到自己闯了大祸时，扔下刀没命地逃走了。母亲顾不得手臂上的刀伤，赶紧跑到他的身边，给他解开绳子，扯下塞在他嘴里的破布。母亲说："儿子，你没事吧，妈妈救你来了。"当母亲做完这一切时，才感到一阵钻心的疼痛自手臂处传来，母亲疼得跌坐在了地上。他泪流满面，扑通一声跪在了母亲的面前，哭着告诉了母亲这件事情的真相。

他说，他终于相信了母亲，他确实是母亲的亲生儿子，不然母亲就不会来救他，他请求母亲的原谅。他等着母亲用最严厉的语气骂他，谁知，母亲却没有骂他。母亲平静地说："孩子，我确实不是你的亲生母亲。”此话一出，如石破天惊。他摇着头说：“我不相信，如果我不是你的亲生儿子，你为什么还要来救我呢？”母亲接着说：“不仅你不是我的亲生儿子，弟弟也不是，你们都是我捡来的。我之所以要来救你，是因为我已经将你当成了我的亲生儿子，这十几年的朝夕相处，你和弟弟早就与我血浓于水了。”

最后，母亲说：“我知道你在心里恨我，你埋怨我将爱偏向了弟弟，因为你不知道，所以我不怪你。现在我就告诉你，我之所以这样做是因为弟弟有病，他患有先天性心脏病，不能过度劳累，医生说他只能活到15岁。而你是一个健康的孩子，你的生命还很长，妈妈只是想在弟弟的有生之年多给他一点爱。在以后的岁月里，妈妈再来补偿你。在妈妈的心里，你跟弟弟都是妈妈的宝贝，都是妈妈的心头肉。妈妈一生没有结婚，就是因为妈妈有了你们两个儿子，妈妈始终相信，只要妈妈用一颗爱心去对待你们，你们就是妈妈在这个世界上最亲的人。”

20年后的今天，当他将这个故事告诉他收养的两个孤儿和资助的十几个失学孤儿的时候，他哭了，他告诉自己的孩子们，在今后的人生中，不管自己的身世如何，都不要心怀恨意，因为，只要你用一颗爱心去对待别人，你们就能够变成最亲的人。

第四章

一只檀木箱子的秘密

一只檀木箱子的秘密

结婚才几天，我就发现妻子的神色不对，她是不是有什么事情瞒着我？一定有什么事。她长得漂亮，人又聪明，还有一份高薪的好工作，那么多条件好的男人不嫁，凭什么嫁给我这个长相普通又没什么能耐的人？我有个哥们儿就曾经酸溜溜地对我说，你可得看紧点，这么漂亮的老婆，小心她在外面野坏了心思，将你当冤大头。

我仔细地在心里琢磨，越想心里越不踏实。于是在妻子上班后，我偷偷溜回了家，我想总会找到一点蛛丝马迹。果然，我在柜子里的衣服下面找到了一只比巴掌大不了多少的檀木箱子，更重要的是还上了锁。怎么我就从来没看到过这只箱子，而妻子也没跟我说起过呢？事情很明显，妻子一定瞒着我还在跟她过去的男朋友来往，箱子里装的很可能是那个男人的相片和情书。可是，猜测归猜测，我还是拿不准里面的东西是什么，因为我从没听说过妻子在我之前还有个男朋友。好奇心使我拿起了锤子，准备敲开箱子看个究竟。可是，很快我又放下了锤子，我毕竟是个有修养的人，也知道私拆他人信件窥视他人隐私是违法的，包括对我的妻子。

在经过反复思考后，我将那只箱子放回了原处，并不是我从此不再追究妻子的隐私，而是决定跟踪妻子，我要充分掌握她的证据。我请假在妻子的办公楼下埋伏了两天，妻子按时上下班，我没有发现丝毫异样。两天时间显然不够，于是我称病向单位请了一个星期假。妻子穿着时髦，身材高挑，我远远地跟在她的身后，看见不少男人在向她行注目礼，我拿不准哪个是她的“相好”，但从她的神情看，好像都不是，她只顾向前走，压根儿就没顾得上别人的注视，更没想到我就跟在她的身后。每当她走进办公楼，我就闪身躲在一边，她下班后，我又不远不近地跟着，直到她回家，我再返回到我公司的那条路上慢慢地走进家门。如此一个星期很快就要过去了，我依然一无所获。我的心里有点失落，又感到一丝欣喜，我既希望尽快找出隐藏在妻子背后的那个男人，又害怕那个男人的出现让我从此失去妻子。

我甚至有点后悔跟踪妻子，甚至将那个盒子想象成她的家传宝贝，或者根本就是我神经过敏。明天是最后一天，如果再没发现什么，我便决定不管那个箱子的事情了，我得好好上班，不然，很可能会被炒鱿鱼，我深深知道一个没有工作和事业的男人是没有家庭地位的。我不想被妻子看不起，更不想坐在家里吃软饭。

正在我边胡思乱想边跟踪妻子时，妻子突然不见了，明明离她的公司还有一段距离的，怎么就不见了呢，莫非？我的心提到了嗓子眼，我预感到事情的不妙了，她一定是走到了其他的路上，她没有去公司上班，她想去哪里？她想干什么？不行，我得给她的公司打个电话，看她是不是已经向单位请假，按照我的经验，她完全可以请假外出……只要向单位请假了，她想外出干什么不行呢？

突然，一个人影拦住了我的去路，将正在东张西望的我吓了一跳。定睛一看，是横眉怒目的妻子。妻子的身边还有一个女人，那个女人很可能是她的同事，因为我见过她跟妻子的合影，那个女人说，就是这个人，就是他跟踪你，已经好几天了。

妻子问："你为什么要跟踪我？"我无言以对。我总不能说，我怀疑你在外面有相好的吧。可是还没等我想到分辩之词，她的眼神便黯淡了下去，妻子好像很伤感自言自语地说："我知道你迟早会离开我的，我其实不想瞒你的。"我有点急了，我说："你说什么？难道你真的有什么事情瞒着我？"

妻子缓缓地说："是的，我是有事情瞒着你，我一直想跟你说的，但又怕你接受不了而离开我，我不是故意瞒你的，真的。"我没想到妻子真的瞒着我干了坏事，而且还当着我的面承认了。既然事情这么快就水落石出了，我就是再痛苦也得承受啊，我说："你说吧，告诉我那个男人是谁？""男人？"妻子有点惊愕地问，"什么男人？"

我说："难道你还想瞒下去吗？"妻子忽然低下头去说："不，他不是一个男人，他是一个男孩。"我说："你肉不肉麻啊，都瞒着我干坏事了，还装纯情。"妻子说："我本来就没想瞒你，我现在就告诉你，如果你受不了，那我们就离婚。"

她告诉了我那个箱子的秘密。那个箱子其实没有上锁，由于我气昏了头，才没有发现那把锁是虚掩着的。箱子里确实放着一个男孩的相片，那是一个 6 岁大的男孩。那时妻子也只有 6 岁，他们一起上学一起放学，青梅竹马，两小无猜。妻子有一次顽皮不小心掉到了水里，那个男孩二话没说就跟着跳了下去，谁知他也不会游泳，如果不是大人来得及时恐怕两个孩子都没命了。因了男孩的舍身相救，妻子被感动得一塌糊涂，于是，当男孩举家迁往外地的时候，她向他要了一张照片。妻子将他的照片锁进了箱子里，她说那是她的初恋。本来在嫁给我的时候，她是想将照片扔掉的，因为她怕我看到了不好，但她又舍不得，她曾发誓要将他的照片保存一辈子的。于是，她以一把虚掩的锁这种委婉的方式让我自己打开来看，如果我有意见，就离婚。

我感动得眼泪都出来了，想不到一个生活在城市里的时髦女孩，还有着这么一颗单纯而善良的心。但当我静下心来想一想，妻子的做法并不奇怪，试想一下，一个肯为自己付出生命的人，难道不值得记一辈子吗？我庆幸自己找了一个美丽而善良的妻子，也为自己的狭隘而汗颜。我想，在人生路上，如果妻子遇到了危险，我也会毫不犹豫地用自己的生命换取她的生命的。这才是真正的爱。

我有一个好爸爸

女孩只要一说起自己的爸爸，脸上便会自然地绽放出幸福的笑容。女孩说："我的爸爸是天下最好的爸爸。"这时，很多人都会这样回答她："是啊，谁不知道你的爸爸是个好爸爸啊，他是这个城市里有名的富翁，住洋楼、开名车，有花不完的钱，不但给了你优越的生活和学习条件，还满足了你的虚荣心！这样的爸爸还不好，什么样的爸爸才叫好啊，要是我有一个这样的爸爸，我也会说他是天下最好的爸爸。"女孩便极力解释："不是的，不是的，并不是因为我的爸爸有钱，我才说他是天下最好的爸爸的。"没有人会相信女孩的话，这不是明摆着的嘛，矫情！

突然有一天，女孩的爸爸因为经营管理不善，公司倒闭了，由于资不抵债，不但洋楼名车全部被拍卖，还欠下了一笔债务。很多人都觉得最可怜的就是女孩了，她的爸爸再也给不了她优越的生活和学习条件了。可是，只要一说起自己的爸爸，女孩依然会绽放出一脸幸福的笑容。女孩说："我的爸爸是天下最好的爸爸！"人们听了这话，在觉得好笑的同时，又感到心酸和同情，这女孩，肯定是受了刺激，神经都有点不正常了。一个破产了的爸爸，穷光蛋一个，有什么好？难道每天拉着个破三轮去大街上卖水果，日晒雨淋的不说，单说被城管追得四散奔逃的狼狈样便让人不屑，难道这样的人很荣耀很风光吗？

女孩固执地说："我的爸爸就是好，不管是以前还是现在。以前，每天早晨，他去公司上班的时候，总是要笑着对我说，孩子，祝你开心一整天。每天晚上在我睡觉的时候，他都要给我讲一个故事。现在，每天早晨，当他拉着三轮车去卖水果的时候，他依然会笑着对我说："孩子，祝你开心一整天。"晚上仍然会给我讲一个故事，直到我安然地睡去。不管是以前还是现在，我从来就没见我的爸爸叹过气、发过火，他每天总是乐呵呵的，一脸自信的笑容。"

这就是一个孩子眼中的好爸爸！大家顿时无言以对。谁能说一个自信、乐观，敢于直面生活的男人，不是一个好爸爸呢？又有什么艰难困苦能够击垮一个自信、乐观，敢于直面生活的人呢？

赎　罪

她叫晶，12岁那年，一场大火让她失去了父母和一家三口赖以生存的房子。曾经其乐融融的家，一夜之间，变得只剩下一个孤零零的她了。亲戚朋友害怕晶成为自己的累赘，纷纷躲了起来。漆黑的夜里，晶一个人躲在还剩半垛墙的家里，缩作一团默默地流泪。她想不到，平时她的父母待为上宾的亲戚朋友，现在竟然都不管她了。漫长的人生路上，她一个人活下去还有什么意思呢？第二天晚上，晶点燃了自己身下的一堆稻草，就在她即将随父母而去的时候，一个叫阳的男孩出现了。

阳一边奋力将火苗扑灭，一边说："妹妹，你傻啊，你要是就这样走了，哥怎么办？""哥。"当晶认出是阳时，才猛地扑进他的怀里，泪流满面。阳是晶的父母抚养过5年的孩子，当晶的父母发现他们能够生育的时候，阳已成了多余。晶出生的那年阳6岁，4年后，阳固执地出走了。10岁的阳走时，4岁的晶哭得跟个泪人似的。晶跟在阳的后面喊："哥，你回来，你回来，你去哪里呀……"阳走了很远才让强忍在眼眶里的泪水流出来。

晶说："我真是没想到，爸爸妈妈那样对你，你还会回来，现在他们都不在了，哥，你就不要再恨他们了吧。"阳避开晶的话题说："我就知道那些亲戚朋友不会管你的，我其实早就回来了，我就躲在咱家的屋后面看着你，妹妹，你跟我走吧。"

就这样，12岁的晶跟着18岁的阳来到了城里。阳在一家建筑工地打工，晶被送到一所打工子弟学校读书。每天，阳都要干到很晚才回来，尽管阳很疲惫，但每当他看到晶做好了饭菜在等他时，他便很开心地笑了。晶每天晚上都要坚持给阳洗脚，因为工地上的水泥将阳的脚腐蚀得发白了，一到晚上便奇痒难忍，只有用温水浸泡才稍有好转。望着阳那张晒得发黑的脸和粗糙得像树皮一样的双脚，晶常常泪流满面。晶说："哥，工地上那么辛苦，要不咱不干了，回老家去种地吧。"阳用一根粗糙得像树枝一样的手指头，点了一下晶的鼻子说："傻丫头，你不想上学了？在家里种地能挣来你的学费吗？你就安心在这里上学好了，哥身体棒着呢，哥能行。"

转眼晶便上大学了，20岁的姑娘出落得像一朵花一样漂亮。阳却因为整天在工地上风吹日晒，30岁不到便像个50岁的小老头了。在上大学的前一天晚上，晶说："哥，我不想上大学了，不如存点钱给你娶个媳妇吧。"阳第一次狠狠地瞪了晶一眼并大声说："你要是不去上大学，哥这就死在你的面前！"晶的犟脾气也上来了，也大声地对阳说："那好，等我大学毕业了，我就嫁给你！"这话一出口，连晶自己也吓了一跳，难道自己真的愿意嫁给阳当妻子吗？

阳出人意料地没有吭声，好像打心眼里高兴着似的。晶的心里不由得打起了鼓，看来阳真的是喜欢上自己了。不管怎样，他为自己付出了那么多，嫁给他就算是对他的报答吧。有了这样的想法后，晶再花阳的钱的时候，就没有负疚感了。

大学毕业的晶，看上去不但更加漂亮，也更有气质了。而且她也完全融入了这座城市，与一个城市姑娘没有什么不同了。而阳，相比之下，不但头发已经花白，看上去十分老相，还显得寒碜而拘谨。晶没有食言，她说："阳，不管你变成什么样子，我都会兑现自己的承诺的。"

阳静静地看着晶，还用一根粗糙得像树枝一样的手指头去刮晶的鼻子："傻丫头，谁说过要娶你了，你别自作多情了，我才看不上你呢！"晶的鼻子有点酸，不知是高兴还是难过。过了许久，阳说："我的妹妹这么漂亮，在大学里肯定有很多人追吧？"

确实，有一个城里的男孩，从大一开始，已经追了晶好几年。可是，她一直没有答应他，她也没敢告诉阳。但阳说他知道，他曾经去学校附近看到过她和一个男生在一起。但他没敢去找她。阳说："你就别骗我了，你既然喜欢他，就答应他的追求，难道你真想跟我这个在工地上干粗活的人过一辈子不成？"眼泪模糊了晶的眼睛："哥，那你呢？"阳说："哥的任务已经完成了，哥该去哥应该去的地方了。"晶追问："你要去哪里？是不是回老家？不如你暂时就住在这里吧，等我参加工作赚了钱后，再在老家给你建一栋房子，让你好好过日子。"阳说："好，哥谢谢你了。"

不久，晶收到了一封来自监狱的信，是阳写的。阳说："晶，哥是一个罪人。哥对不起你，也对不起你的父母啊。"

原来，晶刚出生的时候，由于害怕养父母有了亲生女儿不喜欢自己了，阳便试图在晶的奶瓶里下老鼠药，想毒死晶，却被养父发现了。从此，养父便时时处处防着阳，直至阳离家出走，养父也没有挽留。阳走后，在外吃尽了苦头，每次他都会将这一切归罪于养父。结果，在 18 岁那年，他悄悄潜回村里，放火烧了养父的房子。他没想到，原本只想报复一下养父的他，竟然将养父母给烧死了。为了赎罪，他在心里发誓，一定要让晶读完大学，在城里成家后，他再去自首。

最后，阳说："哥的后半辈子只能在监狱里过了，哥已经没脸再见你了。"晶的泪水一点点滴落在信纸上，直至将信纸全部打湿，字迹模糊得再也看不清楚。

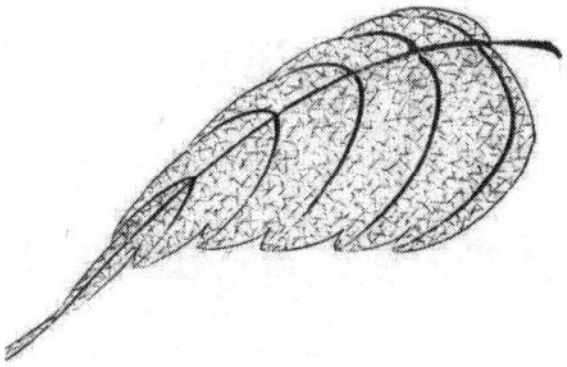

最珍贵的奖品

他是一个小科长，当了一辈子，也不见升迁。可他很满足，因为他得了很多奖：先进工作者、劳动模范、优秀干部……奖品都是一些开水壶呀，保温杯呀之类的小玩意儿，评奖的也都是本单位。这些在如今很多人眼里一文不值的东西，可他却总是当宝贝似的摆放在家里最显眼的地方，家里一来客人他还喜欢拿出来炫耀一番：瞧，这就是荣誉，用钱买不来的荣誉！

最直接受益的人要数他的儿子和女儿，他的儿子为了得奖，埋头苦学，从小学到研究生，再到博士，不知道拿过多少奖。三好学生、五好学生、优秀班干部、优秀团员、优秀团干部、优秀党员、优秀科研工作者……数都数不清。最大的一个奖是国家颁发的科技发明奖。小女儿也不甘落后，最值得夸耀的一个奖是：优秀帮困扶贫企业家。

谁也没有想到，就在儿女们将自己最得意的奖品拿给父亲看时，他却沉默了。最后，他居然还失声痛哭了起来。儿女不解，他们得了这么多奖，取得了这么多的好成绩，父亲应该高兴才对呀，为什么反而哭了呢？父亲不是一直是他们的表率，并且也一直是这样要求儿女的吗，难道儿女们做得还不够好，不够多吗？如果是这样的话，儿女们还可以继续努力呀，父亲也犯不着哭呀。

他说："不，你们都没有做错，是父亲做错了，我其实早已不是科长，20多年前就下岗了，我只不过是一个捡破烂儿的。为了不让你们知道我在捡破烂儿，我在城市的另一头租了间房，专门放我的小三轮，我还有模有样地每天早晨都坐公交车去'上班'。当然，那些奖品也都是我从街边买的，买回来后自己悄悄地用油漆写个奖字，我其实从来就没得过什么奖。我之所以要这样做，完全是想让你们兄妹跟我学个好样。

"不但那些奖品是假的，你们的奶奶也是假的。她是我捡破烂儿的时候捡回来的，我见她又老又聋又瞎，快要饿死了，便将她捡了回来。那时你们还小，你们的爷爷奶奶死得早，我想，只要我将她当你们的亲奶奶一样照顾，也一样能给你们带个好样。可是，为了给你们当一个榜样，我却当了骗子！我没有能力当好这个榜样，我这个榜样当得有愧啊，我欺骗了你们兄妹这么多年，你们肯定会埋怨我这个没用的父亲的！"

一时间，兄妹俩也呆住了。随后便哽咽了。儿子说："爸爸，我们不会埋怨您的，正是因为您教育得当，您的儿女们才能取得今天这么好的成绩啊。"女儿说："爸爸，这个世界上再多些像您这样的'骗子'也不嫌多啊，如果没有您那些'奖品'，也不可能有哥哥今天这个科学家，如果没有您对'奶奶'的照顾，也不可能有您今天这么个有着'优秀帮困扶贫企业家'称号的女儿啊。您不是骗子，您才是一个真正的好人，称职的父亲，我们所有的奖品都应该属于您，您的这种真诚、朴实、善良的心灵和行为，就是我们做儿女的一辈子都应该努力追求的奖品！”

每个人都能成为好人

他是一个典型的坏学生，才 15 岁就学会了抽烟、喝酒。整天不着家的他，不是在网吧里打游戏，就是和小伙伴们四处游荡，看谁不顺眼了，就去揍谁一顿。他跟小伙伴们一起在手上刺青，结拜成兄弟一起闯江湖。老师们也管不了他，因为他根本就不去学校。

其实他的家境很好，父亲是一位包工头，在城里有房有车。他也不缺少钱花，母亲跟父亲离婚后再嫁远方，虽然见不上面，但也经常寄钱给他。他的父亲因为怕后母对他不好，竟然一直未再娶。由于父亲生意忙，经常不在家，母亲更是见不上面，所以他跟父母基本上没有交流。父子关系也越来越紧张，以至于只要是父子俩在家里相遇，就要吵上一架，有时还大打出手。可是，不管父亲怎样打他骂他，他就是不去上学，不给家里做任何一点事情，哪怕是扫一下地、擦一下玻璃、洗几个碗都坚决不肯。

不但他的父母和学校老师都对他死心了，就连邻居、亲戚朋友和所有认识他的人都说这个孩子没救了。他的父亲甚至还对他说："我老了是不会指望你管的！"他也恶狠狠地反唇相讥："你就是指望我也指望不上！”

一家电视台得知他的情况后，决定帮帮他。记者问他：“你想做一个好人吗？”他回答：“不想。”记者没再问他，而是将他带到了离家千里之外的一个渔民家里。

这里没有网吧，没有车水马龙的喧嚣，更没有小伙伴们的陪伴。有的是泥土筑成的房子，泥泞坑洼的小路，还有一望无际的湖泊。在这里，他开始了一种全新的生活。每天很早他便起床了，因为渔民夫妇要去打鱼，他便给弟弟妹妹们做早饭，并带他们一起去学校读书，晚上放学后再领弟弟妹妹一起回家。星期六和星期天，他还要跟渔民夫妇去打鱼。

人们惊讶地发现，他变了。他的脾气不再暴躁，他的性子不再顽劣，他变得好学上进，而且富有同情心和责任感。不但渔民夫妇和弟弟妹妹，村里所有人都说这孩子真听话，将来一定会有出息的。才短短几天时间，他为什么会判若两人呢？

当记者再次问他：“你想做一个好人吗？”他答：“我本来就是一个好人。”

记者又问：“你之前不是说不想做一个好人吗？”他答：“之前没有人认为我是一个好人，所以，我就是想做好人，也做不了。而现在，所有人都认为我是一个好人，我就是想做坏人，也不能。”

这就奇怪了。难道城里富足的生活只能培养坏孩子，而这里贫困的生活竟然能够培养好孩子？于是，记者再问：“你觉得城里好，还是乡下好？”他答：“究竟是城里好还是乡下好，我不知道，我只知道，我原来的家里充满了冷漠，而现在的家里则很温暖。”

他还举例说明："比如，每当我跟渔民夫妇打鱼累了后，他们会关切地给我擦汗，并说'辛苦了就歇歇吧'，当我给弟弟妹妹们做好了一顿饭，弟弟妹妹们会边吃边冲我笑着说好吃。而以前，当我给家里灌了煤气或者是我在学校拿了奖状，从来没有人对我说一声'辛苦了'，哪怕是笑一笑也没有。"

原来，让他变好的原因，不是家境的贫穷或者富有，而是来自亲人们真切的关怀。

负重才能顺利走过独木桥

10年前，我认识一对夫妻，男的叫宋勇，女的叫邬芳。我之所以这么清楚地记得他们的名字，是因为这对夫妻实在太特别了。

作为一个男人，宋勇不干正事，天天跟一帮赌徒粘在赌桌上，输了钱便喝得烂醉，邬芳只得拿钱去饭馆里领人。房子是宋勇的父母生前留下来的，原本，宋勇有一份工作，因为效益不好，工厂垮了，宋勇便下了岗。作为一个弱女子，邬芳没有小区里其他同龄妇女那样的好命。邬芳只能被迫外出谋生。好在他们还没有孩子，家里的负担不是太重。邬芳便在小区附近的农贸市场租了个摊位，专卖时令蔬菜，虽然辛苦，倒也能养家糊口，时间长了还能有点节余。

可是，邬芳的那点节余根本就不够宋勇的赌资。两人实在过不下去了，便要离婚。没想到，在去离婚的路上遭遇了车祸。邬芳成了植物人，宋勇断了一条腿。

本来故事到这里便应该结束的。对于这样的一个家庭，其结果不言而喻，肯定会成为政府和社会的负担。由于我搬到了南方沿海的一座城市定居，很快就将那个小区里的那对夫妻给忘记了。转眼

10年过去了。如果不是从一档电视节目中再次看到那对夫妻，我想，我是再也不会想起他们的。

在电视里，宋勇虽然拄着一根拐杖，但穿着十分讲究。显然，他现在已经不是过去那个赌徒了。他成了老板，一家针灸按摩院的老板。邬芳也不再是植物人了，她已经被宋勇医治好了，当上了老板娘。看起来小两口的日子过得不错。

随着他们面对镜头断断续续的讲述，我了解到：自从他们出车祸后，大家都认为即将成为社会和政府负担的宋勇会更加沉沦下去。没想到，令人们意外的是，宋勇竟然醒悟了，他突然意识到了人生的重要、妻子的重要。面对可能会永远沉睡下去的妻子，宋勇流着眼泪对她说，他一定要治好她的病。他们原本有一个美好的家庭，是他没有珍惜，现在哪怕她真的要跟他离婚，他也要先将她的病治好后再离。即使她听不到他的话，他也要这么做，他想，他已经够对不起她的了，他一定要帮她实现这最后一个愿望，那就是两个人手牵着手地去离婚。

可是，生活是艰难的，现实是残酷的。肇事司机只赔了一半的医药费，因为是他们在去离婚的路上不停地争吵扭打，并违反了交通规则，所以要负担一半责任。那点赔款根本就不够给两人治病。宋勇便卖了房子，在老城区租了一间不足20平方米的廉价房。也许是“知耻而后勇”那句老话起了作用吧，宋勇居然开始了自己的另一种人生。宋勇将所卖房款一半用来给两人治病，一半用来谋求发展。刚开始，由于不适应单腿拄拐走路，宋勇常常摔得头破血流，好几次在将邬芳抱下床洗澡的时候，两人一起摔倒在地，好半天也爬不起来。

接替邬芳在农贸市场继续卖菜是不可能了，因为他要照顾邬芳，根本抽不出时间去进菜卖菜。他也想过开一家饭店，只是，谁会进一家由这样两个人组成的饭店呢？何况开饭店也需要较高的成本。由于医生说，只有坚持给病人按摩和针灸，他妻子才有可能苏醒过来，于是每次医生在给邬芳按摩针灸的时候，他便站在一边看。时间长了，宋勇竟然也能按照医生的方法给邬芳按摩针灸。加上他不断地看书和向医生们请教，居然成了一个按摩针灸能手。宋勇想，不如自己就开一家针灸按摩院吧，妻子就是他的病人，如果将妻子治好了，那便是他最好的广告。奇迹在 5 年后的一天出现了，妻子在宋勇的深情呼唤下真的醒了过来。

宋勇在讲这些的时候，邬芳一直紧紧地靠在丈夫的身边不停地抹眼泪。当宋勇讲到，他要牵着妻子的手去离婚的时候，邬芳哭出了声音。邬芳说："不，我是不会跟你离婚的，除非你变成了当初那个四肢发达，整天赌博不务正业的你！"宋勇说："是太多的苦难成就了我，如果当初妻子在那场车祸中死去了，如果不是因为要照顾妻子，也许我早就不在人世了，是这一份沉甸甸的责任，让我有了生活下去的勇气。"

现在，宋勇的针灸按摩院已经取得了资格证，挂牌营业 5 年时间了，因为有了妻子这个活招牌，生意一直很好。

突然想起一句话：人生是一座独木桥，负重则是顺利通过的唯一方法。

为自己选择双脚

1999 年，一个小男孩在得克萨斯州出生了，他的名字叫科迪。这是个十分普通的家庭，科迪一生下来，他的父母便惊奇地发现，他没有双脚。经医生诊断，科迪患有一种非常罕见的骶骨发育不全症，两腿生来便没有胫骨。

医生说，科迪很难活下去。因为患有此症的儿童，通常会出现肾脏等一系列问题，从而导致性命不保。如同医生所料，在科迪刚刚生下的第 3 天，他就接受了 15 项手术治疗。在接下来的两年内，科迪先后患上了诸如髋关节脱臼、胃痛、呼吸困难和哮喘等疾病。

科迪的左腿缺少一块胫骨，而且没有膝盖，腓骨也无法支撑起他的腿，因此他的腿不能弯曲。当科迪坐着的时候，他的右腿便只能蜷缩在一边，而他的左腿虽然看上去正常，但也不能弯曲。看到孩子一生下来就遭到如此众多病魔的折磨，而不能像其他孩子一样过正常的生活，科迪的父母万分心疼。

身体上的问题还不是最重要的，最重要的是心理上的问题。随着科迪一天天长大，他也渐渐地明白了自己与别人的不同。当他看到别的小孩都能自由地跳跃玩耍，而他却只能坐在轮椅上时，便会很难过。他常常一个人躲在小房间里发呆，还羞于与任何人相处。这时，科迪的母亲就会忍不住自己伤心的眼泪，只得跑到一边去痛快地哭上一场。

突然有一天，科迪的父母打听到，有一家儿童医院可以为科迪安装假肢，便高兴地将科迪带了过去。在医院里，望着各种各样的假肢，科迪的父亲说："孩子，你看到没有，这里有这么多的脚在等着你来挑选呢？你真是个幸运儿，别人都只有为自己挑选鞋子的机会，而你却能为自己挑选双脚！"

科迪天真地问父亲："真的吗，我真的是一个幸运儿吗？"科迪的父母点了点头。"那真是太好了！"科迪说，"我还可以为自己挑选双脚！"望着摆满了柜台的假肢，科迪高兴极了。

从此，科迪就可以用他自己挑选的脚来走路去幼儿园了。可是，刚刚装上假肢的时候，科迪疼痛难忍。科迪的父母便鼓励他说："别人只有一双脚，而你却拥有几双，甚至是无数双脚，肯定需要付出一些疼痛作为交换的代价。"科迪懂事地点了点头，从此，他再也不喊疼了，每天坚持用假脚走路几小时，有时还能达到十几个小时。

慢慢地，科迪不但能灵活地用假肢走路，还对各种体育活动产生了兴趣。于是，科迪也想跟其他小朋友一样，去参加各种体育活动。科迪的父母犹豫了，他们担心孩子受不了那个苦。可是，科迪却反过来安慰父母说："你们放心吧，你们不是说我是个幸运儿吗？别人只能挑选适合自己的鞋，而我却能够挑选适合自己、还适合各种体育运动的脚呢！"说完还调皮地冲父母眨了眨眼睛。

从此，科迪不但穿着假肢去练习跑步、游泳、踢足球、打高尔夫和冰球，他还能够学习攀岩，驾独木舟，甚至学习驾驶飞机。另外，科迪还加入了体育协会，这意味着他有机会去许多地方参加比赛了。

2008 年，科迪在 60 米短跑比赛中取得了 20.03 秒的成绩，在 100 米短跑比赛中取得 33.41 秒的成绩。作为双腿残疾的人，他与其他单腿残疾的 9 岁运动员所取得的纪录相比，只差了五六秒。这样的成绩令所有人惊叹不已。此外，与 9 岁残疾运动员纪录保持者相比，科迪 2008 年在自由泳和仰泳比赛中，仅靠两只手臂也取得了骄人的成绩，分别是 30 秒和 43.63 秒。

为了回报帮助过自己的人和医院，科迪还通过参加各项体育活动，为其提供假肢的儿童医院募集了 95000 美元的捐款。科迪不但走出了伤痛、悲观的世界，还成了美国家喻户晓的小英雄。希望与他见面交流的人络绎不绝，包括那些在战场上负伤后成为残疾人的士兵。科迪说，他长大后要做一名医生，为更多像他这样的残疾人看病。他还希望有一天能够同美国泳坛明星菲尔普斯，以及美国残奥选手鲁迪·加西亚·托尔森进行游泳比赛。

如今，假如有人对科迪的遭遇报以同情的问候，他总是这样回答："不，我觉得自己非常幸运，因为别人只能为自己选择鞋子，而我却能为自己选择双脚！"

剪花与做人

少年时，我曾经拜过一个园艺老人为师，跟他学习修剪盆花。园艺老人将自己的一生都奉献给了园艺事业，经过他修剪的盆花，更是卖向了全国各地，甚至到了海外。因此，学到园艺老人设计盆花的精髓，也成了我的梦想。

学习的第一天，在面对一盆待剪的花时，我问园艺老人："师父，我应该怎样来修剪这盆花呢？"园艺老人头都没抬地说："按照你自己的意思来剪就行了。"

我愣在那里，好半天都没回过神来。我嗫嚅着说："可是，我不知道应该怎么下剪才好啊。"其实，我的心里是这样想的，我来这里，不就是要跟着您学习的嘛，我要是知道该怎么修剪，还来向您学什么？

见我疑惑不已，园艺老人笑了笑，说："就按照你自己的意思来剪吧。"我还是不敢下剪，说："那，要是剪坏了怎么办？"园艺老人没有直接回答我，反问道："那你认为怎样才能剪好呢？"

我理直气壮地说："当然是应该在师父您的指点下，才能剪好啊。”园艺老人又问：“在我还没成为师父之前，那我又该怎样下剪呢？”我说：“您当然得向您的师父学习啊。”园艺老人好像跟我较上了劲，说：“那我的师父，是不是也得跟他的师父学习？”我不住地点头，说：“肯定是这样的。”园艺老人接着说：“可是，园艺最早的发明者，他之前根本就没有师父，那又应该怎么剪呢？”

这下，该我犯难了。我摸着后脑勺，想了半天，终于想出来了，说：“园艺是一门供人欣赏的艺术，最早时，当然得根据游人，也就是欣赏者的眼光来修剪呀。”

园艺老人说：“好，既然我们的盆花艺术，都应该根据欣赏者的眼光来剪，那我们明天就去公园里，在游人的指点下来修剪这盆花。”

在公园里，园艺老人很热情地请游人来对盆花进行指点，只要有游人说哪里需要修剪，园艺老人便让我在哪里下剪。从早晨到傍晚，数不清有多少游人对这盆花进行过指点，我也不知道对盆花进行过多少次的修剪。最后，园艺老人指着那盆花对我说：“这就是按照游人的眼光，对盆花进行修剪后的结果。”这时，我才发现，那盆花只剩下一根光秃秃的花秆了。

园艺老人说：“修剪一盆花，跟学习怎么做人是同一个道理。人生中，如果你不是以自己的意愿来为人处世，而是以别人的眼光来对自己进行修剪，那么，到最后你有可能会将自己全部剪掉。”

能抱抱我吗

男孩很小的时候父母就去世了，他只得跟爷爷一起生活。爷爷是个脾气古怪的盲人，从不跟男孩交流，一旦听到邻居说男孩的坏话，他便会没来由地对男孩吼上一通。男孩委屈极了。男孩的脾气也变得跟他爷爷一样暴躁，他不好好学习，整天打架、酗酒，甚至跟老师和同学搞恶作剧，他成了一个老师和同学们都极度厌恶的人。

男孩也同样讨厌所有的人，包括他的盲人爷爷。他有时一连几天不回家，也不去学校上课，没人管得了他。甚至连他自己也讨厌自己，他觉得他根本就无药可救了，男孩最终变成了一个既自卑又孤傲的问题少年。男孩长到 13 岁那年，班上来了一位漂亮的女老师，女老师的声音很好听，男孩觉得女老师的声音既陌生又熟悉，但他又想不起来在哪里听到过，只是觉得特别的亲切，他被女老师的声音迷住了。

他不再旷课，他开始认真地学习。女老师总是穿着裙子从他的身边走过，就像一只美丽的蝴蝶轻盈地飞舞。每当女老师从他的身边走过时，他便能闻到一股香水味，那味道好极了。更重要的是，女老师从不偏向哪一个人，上课时，她会走到每一个人的身边，在每个人的身边都会停留一会儿，认真地察看每个人的作业。这让男孩感到很是欣慰，他觉得自己与其他人没什么不一样，至少在女老师的心中应该是这样的。每当女老师走到他的面前时，男孩总是将腰杆挺得笔直。

有一天，男孩跟一位同学发生了争执。女老师将那位同学和他分别叫到了她的办公室。女老师先叫的那位同学，当他走进女老师的办公室时，那位同学已经走了，办公室里只剩下女老师和男孩。这时，女老师问了男孩些什么，他完全没有听到。因为他越来越感觉到女老师的声音是如此熟悉，还有她身上的香味。对了，男孩突然从脑海里冒出了他 3 岁时的记忆，那时，他整天被母亲哄着逗着，无忧无虑。可是，眼前的女老师却像极了他的妈妈，无论是声音还是身材，或者说她身上的香味，都像极了！这时，他感觉到，他与那位同学的争执与他对妈妈的怀念相比，竟然是如此不重要。

女老师停止了说话，她在静静地等待着男孩的回答。男孩嗫嚅着，好半天才憋出了一句话："老师，您能抱抱我吗？"女老师不敢相信自己的耳朵，当明白过来是怎么回事时，她的脸红到了脖子根。要知道，她才 20 岁，还是个从没谈过恋爱的大姑娘呀。而男孩，尽管只有 13 岁，却生得高大威武，从他嘴边细密的毛茸茸的胡子看，俨然一个男子汉。那一刻，女老师想到的是，这真是个坏学生！可是，男孩又说话了："老师，您真像我的妈妈，自从 3 岁那年爸妈出车祸去世后，就再也没有人抱过我。"女老师的心里突然被感动了。她眼里的愤怒一点点地减少了，取而代之的是满满的柔情。

女老师慢慢地起身走到男孩身边，伸开双臂轻轻地将这个高出了她一个脑袋的学生抱在了怀里，她还踮起脚尖轻轻吻了他宽宽的额头。这一幕刚好被路过办公室的校长看见了。要知道，那所学校对老师的要求是非常严格的。校长认为，女老师是在与自己的学生谈恋爱！按照校规，女老师被开除了。

女老师的离去，对男孩是一个极大的打击。男孩觉得自己太对不起女老师了，他只有好好地学习拿出好成绩才能报答自己的老师。他一直以这件事来激励自己。后来他考上了当时颇有名气的福尔满大学，并获得了哲学硕士学位。再后来他加入芝加哥大学研究哲学与心理学，并写出了《行为：比较心理学导论》一书。他认为青少年需要大人的抚摸与拥抱，他治好了成千上万名问题少年，让他们走出了自卑的阴影，从犯罪与自杀的边缘走向了阳光的生活。他的环境决定论观点影响美国心理学达 30 年。他就是美国著名的心理学家约翰・布鲁德斯・华生。

捐助者的眼泪

当公司老总打电话让我去他的办公室一趟的时候，我知道肯定是让我去联系一家贫困学校，因为老总早就交代，他准备以公司的名义捐一笔款项给一家贫困学校，让那些家庭生活困难的孩子能够继续上学，我这个企业形象策划部主任当然是这次活动的主要负责人。

老总说，这次活动一定要搞得隆重些。不说全国的媒体了，最起码要让本市的媒体都派记者到场，要让受捐的孩子都出现在镜头里，并说几句话。我明白公司老总的意思，那就是借此机会宣传公司的产品，扩大公司的影响力。

学校很快就联系到了。校领导也很配合我们的工作，并在我们的授意下，选出了 10 名贫困生。老总坐在车里去学校里转了一圈后，对我的工作表示十分满意，可还是在一个细节上出了点问题。原因是那 10 个孩子中有一个叫张军阳的男孩是个瘸腿，如果上镜的话可能会对公司的形象有些影响，老总建议将张军阳从捐助名单上剔除。可是令校方为难的是，张军阳竟是这 10 个贫困孩子中家境最困难的那个，张军阳在3岁的时候不小心从一人高的台阶上滚了下去摔断了左腿，常年染病在床的母亲没法照顾他，而在建筑工地打工的父亲又一时拿不到工钱，所以拖延了治疗时间。

现在如果不让张军阳接受捐助，不但不好向张军阳交代，就是良心上都会过不去的。校长争取的时候，一脸的悲伤。可是老总的态度却很坚决。最终的解决方法是，张军阳可以接受1000元钱的捐助，但上镜的只能是另外那9个孩子。

举行捐助仪式那天，所有记者都到了捐助现场。只见临时搭建的讲台上站着一排9个孩子，他们的手中都拿着一个信封，信封里面是1000元现金，另外每人手里还拿着一个大红纸牌，纸牌上写着人民币1000元整的字样。而张军阳的手里却只有一个装有1000元现金的信封，而没有那个红纸牌，因为他不必站在台上亮相，所以学校让他坐在台下的观众席上。

台上的9个孩子都像背台词那样，将早就准备好的发言稿当众背了下来。台下顿时响起了热烈的掌声，记者们的镜头也一齐对准了讲台上的孩子们。就在这时，谁也没有想到张军阳会突然一瘸一拐地走上讲台。

机灵的记者们几乎是同时将镜头对准了张军阳。张军阳虽然紧张得双腿发抖，但还是颤抖着将那个装有1000元钱的信封高高地举过头顶，说："谢谢老总叔叔的捐助，但是我不想要这笔钱，我爸爸得知这个消息后，特地从工地上打来电话，说他已经拿到了那1000多元工钱，让我将这1000元钱转捐给比我们更困难的孩子。"

台下在沉默了整整一分钟之后，突然响起了雷鸣般的掌声。

从萝卜时代到瘦肉时代

那年，我在东莞一家制衣厂当仓管，月工资600元。挤在12人的大宿舍，躺在铁架床上我整夜整夜地失眠。工友们都陶醉在扑克牌的欢乐中，只有我一个人在想心事。我想，我不应该满足于那每月的600元，我还应该干点什么才是。况且妹妹要上大学，父母的身体也不是很好，每月的工资根本就不够花。我就是在这种状态下失眠的，那是一种青春的冲动，在那种冲动下，我写起了文章。虽然赚不了多少稿费，但我想，如果没有那时不时地在杂志上发一篇文章或者收到杂志社寄来的几十元稿费的鼓励，我恐怕很难挨过那段暗无天日的日子。

那时，让我感触最深的是，每当下班铃声一响，工人们便如潮水一般涌向饭堂，挤在前面的还可多打点萝卜青菜汤，落在后面的连白米饭也没有了。男男女女地挤在一堆，各种气味一齐涌来，让我很难受。我想，那样的环境，生存成了工友们唯一的快乐。而我知道，我的心里慢慢地在孕育着一个梦，那就是跳出萝卜时代，渴望天天有肉吃的日子。虽然我是从农村来的，但却生就了一副瘦弱的身子，我抢不过工友们，甚至连一个女孩也抢不过，于是我只能吃残羹剩饭。

因为经常写文章，我与杂志社的编辑们接触的机会慢慢多了起来，于是我也梦想着有一天能当一名编辑。这个机会终于来了。当我拿着一个厚厚的作品剪贴本和很多拿着红红的文凭的人一起来到广州一家杂志社的老总办公室时，我才知道，我其实很渺小。令我感动的是，老总认真看了我的作品，并答应让我实习一个月，工资是 1000 元。我知道这个工资很多大学生都不会干，但我没有退路。毕竟，杂志社离我的梦想近了很多，我可以一边当编辑，一边写文章。

我花 300 元在广州的城中村租了一个单间，虽然阴暗潮湿，但比起工厂里 12 个人的大宿舍好多了。我终于有了一个属于自己的空间，尽管我依然要吃萝卜，要喝青菜汤，我想我正在向瘦肉时代进军。杂志社的效益不是很好，编辑部每每为了一个策划而伤透脑筋，也许都害怕老总发火，所以每期的策划总是你推我我推你，推到最后，便推到我这个实习编辑身上。我知道，我的机会来了。我就像抓住一根稻草的溺水人一样地抓住了这个机会，我知道，这个机会对于别人来说其实是很简单的，而对于我来说却是极其不易。如果没有通过试用期，大家笑话那是小事，如果再返回工厂去，我就惨了。

我咬咬牙，将每期的策划都扛了下来。不辞劳苦地跑市场，找新闻线索，尽自己最大的努力将策划搞好。杂志的发行量慢慢上升了，我的实习期也满了。老总给我开的工资是 1800 元。这个收入在广州依然是极低的，但我很满足，因为我是千千万万个打工者中走出来的，比起他们，我好多了。我终于可以天天吃肉了，1800 元，可以买多少瘦肉啊!

我觉得有一个叫泰勒的美国人说的两句话很好，他说：“怎样度过自己的一生才不后悔呢？只要做到两条就够了：第一条，做自己喜欢做的事；第二条，想办法从中赚钱。”是的，在生存面前，能够选择自己的活法多好啊，能够做到不后悔更是人生中的最高境界。听说，瘦肉时代的后面是海鲜野菜时代，因为有钱人多半喜欢吃海鲜和野菜。我想，只要有梦，我会吃上海鲜和野菜的。

后来，我认识了一个在另一家杂志社当编辑的女孩。她也是一位没有文凭的实习编辑。我们的爱情很朴素，很简单，简单得令人心酸。我从来没带她去吃过一顿肯德基，从来没去看过一场电影，甚至从来没有给她送过一朵花。我们约定俗成地打电话给对方时，从来都不会超过一分钟，因为我们要尽可能地省下每一分钱。我知道她需要的是什么，她需要的是一个可以放下一张婚床的地方。可是，为了这么一个愿望，我们还得奋斗很多年。

但毕竟我们心里有梦，有梦的日子是美好的。爱情之花并不因贫穷而停止开放，反而开得更旺。因为我们存折上的数字几乎为零，所以爱情便是我们唯一的存款。我们天天渴望见到对方，哪怕只是听听对方的声音，一句简单的问候，都会令我们一整天的工作变得轻松愉悦。电话费太贵，我们便互发短信。哪怕只有一分钟的空闲，我也会静静地想她一会儿，我知道她也同样在想着我。我会给她发过去三个字：你好吗？她回答：好！我知道她肯定也很忙，忙着采访，忙着写稿，忙着校对。但我的心踏实了，因为我听到了爱情的声音。有时候，太忙了，便响一下对方的手机，手机嘀嘀的响声让我们彼此的心紧紧地联系在了一起。

在做好目前的编辑采访工作之余，我们还要圆一圆自己的读书梦。我们同时向成人自考办报了名。虽然我们常常忙得没时间去市场买菜做饭，也尽管只有休息日我们才能享受一起做饭、吃饭的温馨时光，但我们感觉到我们的生命前所未有的充实。

我们终于有共同的存款了，整整5000元，用她的名，用我们俩的生日作为密码。存折本上的那串数字在一天天地增长，我们好像看到了美好的生活在等待着我们。可是，还没等那串数字按照我们的想象继续增长，便突然降到了零。那是一个下着毛毛细雨的深夜，她的同事打来电话，说她的肚子疼得厉害。当我赶到她的住处时，救护车已停在了她的宿舍门口。我的心里一紧，几乎是哭着闯进她的房间的。那时她已痛得在地上打滚了。当我握住她满是汗水的小手时，她才停止了叫喊。她得了肾结石。医生说那种疼痛是无法形容的。我在她的床边守了一个通宵，那是我们共同面对的第一次灾难。事后，她流着泪说："我们的钱一分也没有了。"我只是微笑着说："你就是我的全部存款！"我轻轻抚摸着她的头，我用一个男子汉的胸怀来抚平她内心的不安。她终于从我的脸上读懂了我对她的爱。我们都知道，在这座属于别人的城市，我就是她的全部，而她也是我的全部，没有什么比这份平实的爱情更重要。

伟大的角色

28 岁的她，是湖北省仙桃市的一位花鼓戏演员，不但长得漂亮，而且极具表演天赋。由于对舞台的热爱，她怀孕 6 个月了还在台上表演。2006 年 12 月 26 日，演出结束后，她乘一辆客车回家，途中客车与一辆装载烧碱的货车相撞，满车烧碱顿时倾洒进了中巴。她是那起事故中 9 名伤者中最重的一个，她的脸部、胸部、背部和四肢严重烧伤，全身衣服都侵蚀成了碎片，只有腹部完好无损。医生在昏迷不醒的她的腹部发现了一双完整的手印，她在遭遇车祸的那一刻，用自己柔弱的双手及时地护住了腹中的胎儿！

医生的治疗方案马上就下来了：如果要保住她的容貌，就无法保住她肚子里的孩子！由于烧伤面积太大，她必须使用抗生素药物，而使用药物也就意味着孩子难保。如果要保住孩子，便只能通过保守治疗，不能用抗生素，不能用麻醉药。这样，不但她的容貌无法恢复，甚至连性命也难以保全！

她的亲人一致要求舍弃孩子，保全她的性命。由于没有得到她的同意，所有人都在静静地等待着她醒来。谁知，她醒来的第一句话便是问：“我的孩子呢，他没事吧？”当得知真实情况后，她咬着牙说：“我要孩子！”便又昏迷了过去。

尊重她的意愿，医生只得采取保守治疗。在医生用手术刀为她剥除身上腐肉的时候，她一次次痛醒后只说一句“不要用麻药”就又昏迷过去。由于没有用药物控制，她身上大大小小的伤口一再溃烂、恶化，大腿上的创口竟已深达骨骼，并且高烧到40.3℃，身体出现了严重的抽搐，但她的口里依然说着：“不要用药，我要孩子！”

终于，在经过了无数次的昏迷和痛苦后，她产下了一个男婴，2.7公斤，健康。母爱以炼狱的方式，终于化蛹成蝶。孩子出生之后，医院立即调整了治疗方案。她受伤后第一次接受了麻醉，第一次接受了抗生素的治疗。几天后，她的伤情得到了有效控制。但是，她脸部的创伤却因感染，没能控制住，伤痕溃烂弥漫，她曾经美丽的容貌再也找不回来了。

她就是被评为“感动中国的十佳母亲”之一的熊丽！出院那天，所有亲人都泪流满面地望着被严重毁容的熊丽。她却笑了，并欣慰地说：“我这一生，虽然已与花旦、舞台无缘，但我还能够出演一个非常重要的角色，那就是一位妈妈！”在这个世界上，还有比妈妈这个角色更伟大的吗？

铭刻在原野上的恋情

我和她从未有过任何承诺，就这样各自怀揣一份默契相守着度过每一个平淡的日子。大人们的眼里我们只是一对双进双出的兄妹，同学们只知道我们是很要好的朋友，而我们，只感觉到自己的生命因了对方的存在而美丽。

不经意间便走进仓促的青春，走进了多梦的雨季。于是，她以文静矜持装饰了顽皮，我用胡须和坚毅掩盖了稚嫩。见面时的语言越来越少，心灵的船只却越靠越近。

那一年我考上了省城的一所大学。她因高考失利只得留守家园。分别那一晚，我们相视无语，我知道她想说什么。我情不自禁地将她揽入了怀，第一次勇敢地吻了她的额头。她说："你上了大学以后还会同我好吗？"我用颤抖的嘴唇将她的话压了回去。她轻轻挣脱我的怀抱，说："如果你想要——我就给你！"我将快要跳到嗓子眼的心猛地吞了回去，我说："还是等我大学毕了业吧。"她满足地闭上了眼睛，却有两颗泪珠在晶莹地闪烁："到时就请这天空的圆月为媒好吗？"我点点头，月亮却无语。

因为没有她的陪伴我深感校园的生活枯燥乏味。我常独倚黄昏校园一角捧一枚牵挂的邮票，向站在庄稼地里劳作的她寄去我的思念。

她知道我家经济并不宽裕，双亲又长年染病在身，而弟弟妹妹和我均在外求学。她便肩负了我家的农活和杂务。过不久我便会收到她的汇单和快件。我读着她的鼓励和爱恋，眼角便涌动着感激的泪水。

她最后一次来省城看我时带了许多我爱吃的东西。看着她因过度劳累而日渐黑瘦的脸庞，多愁善感的我又禁不住流出了酸涩的眼泪。是生活将那个单纯的她变得老练而成熟。我俨如不谙世事的孩子伏在她母性的怀里抽泣，她所付出的一切都是为了我！她轻轻地帮我擦去了眼角的泪水。同时我也看见她的双眼里溢满了柔情。

情真意切的播种并不一定就有好的收成，命运总是将善良和美丽创造得简短而仓促。接到急电的那个下午，我匆匆地赶回了家。冬日阳光平静地照在她有些苍白的脸上。她躺在堂屋里的一块门板上，紧闭着美丽的双眼，拒绝着整个世界，包括我。我无心听人们讲述她是怎样在割稻子时被风刮断的电线击倒的。她的步子悄无声息却一次次踩痛我的心口。我看见她的手里还抓着一束金黄的稻穗，因对泥土和生活的膜拜使她的神情虔诚而执着。

兰花从屋角的土瓷盆里飘出淡淡的清香，春天终于爬出了晦暗而沉重的冬季。一树梨花挂满了哀伤的泪水。我多么想将那雪白的梨花变成大红玫瑰插在她云鬓，我依然看得见潜伏于她苍白的面容下那关于洞房花烛的幻想和渴盼。忧伤成一瓣兰花的月亮孤独地徘徊在红尘之外，何时才能缀成一轮满月作一次千山万水的新婚之旅？

一抔黄土垒成了一堆美丽的痛楚。厚厚的泥土无情地隔开了我们。多年后我定是那清澈的溪流固执地萦回于山山岭岭，为找寻那一段搁浅于山坡上，铭刻在岩石边的恋情。

如今，我孤立于南方某个城市的角落，依然常常对月伤怀，感动于清风白云之间。将夜想象成她的臂弯，三千尺的夜幕是她的长发，覆盖我时浅时深的悲伤。

我想起梁祝的化蝶，虽然成为生命的断章，不是也将那令人心碎的美丽定格为永恒了吗？生命可以枯萎，爱情不会凋零……

第五章

没有什么比母爱更珍贵

没有什么比母爱更珍贵

凯特是一个孤儿。直到21岁那年才被人收养，在这之前他一直过着流浪的生活。此时凯特已经参加工作，完全能够自己养活自己，根本不需要他人收养。可是凯特还是在律师的面前签下了那份被收养确认书。不为别的，只为得到那一大笔遗产。

收养凯特的人是一位60岁的老太太，她叫露西。因为凯特长得太像露西太太的儿子了，露西太太的儿子正是在21岁那年遭遇车祸去世的，一起遇难的还有露西太太的丈夫。露西太太从第一眼看到凯特起，便认准了凯特是自己的儿子，不管凯特走到哪里，她都会跟着凯特，一定要凯特跟她回家。最后，她还请来了律师，当着凯特的面写下了遗嘱，如果凯特愿意被露西太太收养，露西太太过世之后的所有财产都给凯特。露西太太的丈夫留给了露西太太数百万美元的遗产。而且律师还一个劲儿地暗示凯特，露西太太有病在身，眼看就活不了几天了，这样的好事上哪儿找去？

露西太太要求凯特住进她的别墅，被凯特拒绝了。凯特说自己工作忙，何况凯特已经不是小孩子了，他得有自己的私人空间，但他会按照协议每个星期去看望露西太太一次。露西太太虽然有些遗憾，但还是点了点头，笑着说："是的，你现在已经不是小孩子了，何况你还要打拼自己的事业，那就按照你的意思办吧。"

于是，以后的每个星期天，凯特都会去看望露西太太。星期天一大早，露西太太便会起床忙碌，为凯特准备很多好吃的，直到凯特晚上走的时候，露西太太还要站在门口默默地送凯特一程。

凯特总觉得自己是一个能干大事的人，只是上天没有给他机会，没有显赫的家庭背景，没有足够的创业基金，让他无法实现自己的理想。如果露西太太能够早点将她的财产交给他，凯特便能够开一家属于自己的公司。但协议上规定的是等露西太太过世后，那些财产才属于凯特。所以凯特唯一的希望就是露西太太快点儿去世。

可是，一转眼半年时间过去了，露西太太不但没有衰老的迹象，反而越活越年轻，每天都能精神抖擞地去晨练，或者去后院摆弄花草。虽然其间她因为肾病发作进过几次医院，但都没什么大碍，很快就病好出院了。这让凯特很失落。

凯特的公司还是开起来了，不大，将他自己算进去才 5 个员工。凯特第一次跟露西太太谈起了自己的事业和理想。当谈到自己为了筹集办公司的资金向银行贷了款时，露西太太没有主动提出资助凯特的事业，而是转了弯地将话题绕到了她养在后院的花草上。露西太太说，她的花草长势很好，一定要带凯特去看看。凯特去看了，那些花草确实长势喜人，只是凯特却高兴不起来。

又是半年过去了。凯特确实是个干大事的人，这从他的公司发展情况便可以看出来。由于对市场把握得准，凯特的公司很快便盈利了。凯特的员工也由原来的5人变成了10人。这天一大早，凯特接到了露西太太的电话。露西太太让他去她那里一趟，口气颇为严肃。又不是星期天，她怎么会突然让自己过去呢？莫非她的身体不行了，有后事要交代？凯特喜出望外，如果这时候将她的全部资产接过来，投入公司的发展中，那凯特的公司将有可能得到迅速扩张的机会。

等凯特赶到露西太太的家里时，发现露西太太的身体并没有他想象的那样糟糕，在满屋温馨的红色烛光里，反而显得精神饱满。这是怎么回事呢？凯特以为自己看花了眼。露西太太笑吟吟地望着凯特，深情地说："祝你生日快乐。"然后是一首生日快乐歌响起，露西太太从柜子里端出来一个大蛋糕。对，今天是凯特的22岁生日。22年来，居然没有一个人给自己买过生日蛋糕，没有一个人对凯特说过祝他生日快乐的话。凯特的眼睛突然湿润了，凯特再也忍不住抱紧了露西太太，喉咙哽咽地喊了一声："妈妈。"22年来，凯特突然感受到了来自家庭的关爱和美好。有家的感觉真好啊，为什么自己以前就没有觉察到呢？望着露西太太一脸幸福的泪水，凯特有点恨起自己来，他感到自己真的是太自私了。

之后，由于惦记着这个"家"，还有家里的"妈妈"，凯特几乎每天都要去看望露西太太。凯特竟然习惯了吃露西太太做的饭菜，习惯了让露西太太给自己洗衣服。还习惯了他每次出门时，露西太太站在门口静静地凝视。就在凯特几乎忘记了露西太太身后的财产有一天会属于自己时，凯特突然接到了医院的通知。

此时露西太太已经昏迷不醒，医生说如果在一个星期之内还找不到一个适合露西太太的肾，就只有给她准备后事了。凯特的第一反应就是要医生想尽一切办法来救“妈妈”，凯特不能让自己刚刚拥有的家就这样因为“妈妈”的离去而破碎。凯特求医生检查一下自己的肾是否合适，表示愿意捐出一个肾来换回露西太太的生命。真是无巧不成书，凯特的肾还真的与露西太太的吻合。露西太太得救了。

露西太太的律师却跪在凯特的面前不肯起来。律师说：“你真是一个好人啊，可是我却对不起你。”凯特在惊愕中听完了律师的叙述。

原来律师是露西太太的弟弟，露西太太的弟弟为了给露西太太治病已经花尽了露西太太的财产，就连那栋别墅也抵押给了银行。也就是说，露西太太跟凯特签的那份协议是假的，露西太太的弟弟之所以要欺骗凯特，主要是因为露西太太认准了凯特是她的儿子……

最后，露西太太的弟弟说：“我的姐姐对这件事情一无所知，她现在是孤身一人，已无能力偿还她的治病欠款，我愿意承担她的所有债务。你想要多少赔偿金我都愿意给，我这辈子还不清，还有我的儿子、孙子，只求你开口说句话……”

似乎是在一夜之间长大的凯特，终于开口说话了，凯特的话令露西太太的弟弟失声痛哭。“老人家的欠款还是由我来偿还吧，至于那栋别墅，我愿意从公司里支付每月的按揭款，谁让我是她的儿子，她是我的妈妈呢。金钱，我还可以赚回来，可是母爱却是用金钱买不到的。”

露西太太跟凯特一起出的院，露西太太一出院便迫不及待地要将那栋别墅的产权转到凯特的名下。凯特很开心地答应了，并同意马上搬进别墅跟露西太太朝夕相处。只有露西太太一个人不知道，那栋别墅其实还需要凯特用 20 年的时间来按揭。

爱饮酒的爷爷

爷爷善酿也好饮。因为善酿，爷爷积了一份颇丰的家当，使他的一生过得丰衣足食。因为好饮又让爷爷悔恨了终生。

在那兵荒马乱的年月，没有粮食果腹，但爷爷照样可以寻来美酒解馋。为了躲土匪，白天爷爷藏在山洞里睡觉，晚上便去地边田坎上挖麻栗子（一种可以制麻醉药的植物）酿酒。麻栗子酿的酒又苦又涩，但爷爷依然爱饮。那晚，爷爷喝了三大碗麻栗子酒后又去挖了一袋麻栗子回来。当爷爷摇摇晃晃借着月光刚到洞口，就听到几个土匪在背后猛烈地吆喝。爷爷一惊，酒便成了汗水从额头上大颗大颗地滚了下来。爷爷迅速跃进洞，将麻栗酒往地上一甩，背起已有 7 个月身孕的奶奶就往外跑。爷爷一口气翻过了 7 个山头，土匪的吆喝声才慢慢消逝在浓浓的夜色中。

由于剧烈的奔跑，麻栗子酒在爷爷的肚子里发作了，爷爷感到头昏脑涨得厉害，眼前一黑，便和奶奶一起栽下了山坡。爷爷醒来的时候，奶奶已经生产了，一个瘦得像只老鼠似的小子一声不吭地躺在血泊中，可奶奶却气绝身亡了。那个小子就是我的父亲。爷爷抱起父亲，趴在奶奶的身上哭得死去活来。爷爷太爱奶奶了，以致后来一直未娶。于是，爷爷恨酒，恨酒的爷爷并不戒酒，而是喝得更凶了。

后来天下太平了，爷爷便开始用稻谷和地瓜酿酒。粮食酒比麻栗子酒可强劲多了，爷爷也越喝越滋润。

爷爷索性开了个酒坊，由于酿的酒口味纯正，价格又便宜，生意一天比一天好。日子好过了，就有许多女人想跟爷爷一起过，但都遭到了爷爷的严词拒绝。我们村有个死了男人的寡妇拖着两个儿女，生活极为艰难，爷爷常常接济她。她误以为爷爷看上了她，就半夜三更摸到爷爷的床上。爷爷硬是将她给骂走了，弄得她哭哭啼啼羞得要去上吊、跳水。后来寡妇逢人便说，那个酒鬼不爱女人只爱酒。哪知爷爷整晚整晚抱着一个木匣子睡觉，那里面装有奶奶的一束头发。

全村人几乎都接受过爷爷的接济，令人们迷惑不解的是爷爷酿酒的技术却从不外传，甚至连他唯一的儿子——我的父亲也不传，以致后来这项酿酒的技术就在爷爷一次饱饮之后随爷爷永远地消逝了。

父亲后来成了个教书匠，爱帮助人的美德像爷爷，但却没有遗传他饮酒的基因。

谁是你的偶像

有一档电视节目，很受生活在这座城市里的年轻人追捧，因为幸运观众可获得与自己的偶像相见的机会。数名幸运观众被邀请到了电视节目现场，其中大部分女青年选择了与当红的男歌星或男影星见面，而男青年则选择了与当红的女歌星或者女影星见面，见面所需的费用当然由电视台支付，见面的方式也由电视台安排。

其实，电视台早就与那些当红歌星、影星们联系好了。只等幸运观众说出他们的名字，电视台就可以让他们在节目现场见面、握手、合影。谁都知道，这是一档炒作节目，主要是借当红明星来提高电视节目的收视率。

当问到一个男青年时，主持人犯了难。那是一个穿着十分朴素的青年，一张憨憨的脸上挂着憨憨的笑，一看便知道这是个来自建筑工地的打工者。男青年说了一个人的名字：张玉琼。主持人半天没反应过来，又问了一遍："你想见的偶像是谁？"男青年再次说："张玉琼。"主持人显然对这个名字有些陌生，于是他皱了下眉头问："她是歌星吗？"男青年摇了摇头："不是。"主持人又问："她是影星？”男青年又摇了摇头：“也不是。”主持人再问：“那她是哪位明星？”男青年说：“她不是明星，她是一位清洁工。”

主持人有点不解：“一位清洁工？你也许没有弄明白，我们的节目要求是选择一位自己的偶像见面。她是你的偶像吗？”还没等男青年回答，台下便传来了一阵哄笑声。男青年有点拘谨，但很快又挺起了胸，高声说：“她不但是我的偶像，她还是我的妈妈！”

男青年接着说：“我的妈妈虽然是一位清洁工，收入非常低，但她却供养着4位老人——我的爷爷奶奶和外公外婆。我的父亲原是一名工人，后来病退在家没有任何收入，但我的妈妈却毫无怨言地承担起了这份责任。她白天要工作，晚上还要擦洗奶奶和外婆的老寒腿，给患颈椎病的爷爷和外公按摩。她每天晚上都要忙到零点才能睡觉，第二天天没亮又要起床清扫街道。在我的心中，妈妈就是我的偶像，她太了不起了，我以后也要像她照顾爷爷奶奶和外公外婆一样，照顾我的爸爸妈妈……”

台下静得连一根针掉下来都听得见，没有人愿意打断男青年的话，哪怕是一声小小的咳嗽。人们发现，主持人的眼睛也有些湿润了。

主持人说：“那么，你是想借用我们电视台跟你的妈妈，哦，应该说是偶像见一面是不是？”男青年说：“不是见面，因为我马上就要回家接替我妈妈的位置成为一名清洁工人了，我现在只想借这个机会向即将退休的妈妈，也是我的偶像说一声，您辛苦了！另外，我还想说的是，我一定会好好向自己的偶像学习，将来也要让自己成为孩子们的偶像！”

在一段长时间的安静后，台下终于爆发出了如雷的掌声。

拾荒的父亲

父亲3岁时，奶奶就因难产死了。

祖父是个“两耳不闻窗外事”的痴书生，但从未给后人留下片言只字的“作品”。祖父对耕作一窍不通，将曾祖父富足的田产挥霍完后父亲也渐渐大了。勤劳善良的奶奶的去世震撼了父亲幼小的心灵，也许是对祖父的“叛逆”，父亲最憎恶的就是读书。

为了生活，父亲很小就懂得挑上自编的篾篓走村串户地收破烂儿赚一点油盐钱。那长长的一声“收破烂儿啰……”的吆喝，总会勾起我的回忆，那苍老荒凉的呐喊是对苦难生活的控诉吗？

拾了一生破烂儿的父亲斗大字不识一筐，但他对我的学习却很关心。父亲听人说农村孩子唯一的出息就是读书，所以无论日子陷入了怎样的困境，都要坚持送我读书。我在读中学时，便经常看到父亲挑着两筐“废铜烂铁”满头大汗地在镇上走。镇上离家有15公里路程，虽然有公共汽车，但父亲从来都是坚持步行，挑上百十斤重的担子步行15公里路程，对于我们这一代人来说简直是个奇迹，而父亲却是年年月月天天如此。而在镇上读寄宿的我每星期回一次家，父亲却硬是要我坐那5毛钱一趟的公共汽车。父亲每去一次镇上都要去学校看我，他总是将货担放在校门口，然后用油腻腻的手从装满“喇叭筒”烟叶的口袋里掏出一把散碎的分币塞给我。他总要说一句：“伢仔，在生活上别苦了自己！”

接过散发着父亲汗味的钞票，我的心里总是沉甸甸的。父亲的话语不多，但我知道他所有的叮咛和期盼都已写在了满脸的皱纹里。在父亲佝偻着身子挑起货担转身的刹那，我的泪水终于溢出了眼眶。我不能让父亲看到我的脆弱，父亲从来就不准我流泪的。父亲说，男儿流血不流泪！多年后当我像鱼一样在拥挤的城池里奋力游弋时，每每收到父亲的来信，总感觉那皱皱的纸上布满了斑驳的泪痕。我想象得到，父亲那张如信纸一样皱黄的老脸是怎样因挂念而布满了混浊的泪滴。

当父亲知道我现在也像祖父当年一样爱写爱读时，一向老实巴交的他愤怒了。“不务正业！”父亲指着我骂道。我只是低着头不吭声，我想向父亲解释文学的神圣与伟大，但父亲能理解吗？终于有一天，当人们纷纷拿着报纸杂志指着我的文章向父亲道喜时，父亲明白了。父亲看着他给我取的名字工工整整地印在书上时，那张饱经沧桑的脸上终于浮现出了满足和欣慰的笑容。

哦，父亲，您的货担依然沉重地压在您那日益消瘦的肩头吗？是您以一生的光阴和勤劳点滴地转化为生存的能量，滋养了这个清贫的家。

我将怎样来读懂您这部生活的大书啊！我拾荒的父亲！

浓浓糍粑情

农历四月初八是母亲的生日。今夜星稀月朗，我在南方灿烂的夜色中又想起了苦难和操劳了一生的母亲。

母亲继承了外公的智慧和外婆的美丽，不但针线活做得精密细致，还打得一手好糍粑。母亲是长女，下面有两个弟弟和两个妹妹。那年月家里穷，沉重的负担压得外公外婆喘不过气来。于是，仅读了三年书的母亲便被迫退学回家照料弟妹。无论生活多么贫困和艰辛都压不垮母亲活泼好动的身影。白天她领着弟妹上山放牛，山沟沟里便会荡漾起母亲甜美的歌声；晚上弟妹们睡熟后，昏暗的煤油灯下母亲灵巧的双手又在不停地穿针走线……令全家赞不绝口的还是母亲打的糍粑。

记得我很小的时候，糍粑可不像如今这样满街都是。每年每家才分得几十斤糯米，母亲总要用胶皮袋子一层层裹住，留着舍不得吃。要么便在里面掺上一些杂粮，味道自然就差了许多，但我们依然吃得津津有味。后来我上学了，母亲才悄悄地塞几块纯糯米做的糍粑在我的书包里。再后来当我外出打工的时候，母亲也总是忘不了做几块糍粑让我带着上路。

母亲对糍粑的虔诚并不亚于我对文学的崇敬。将精细的糯米泡胀煮熟的过程正如我孕育一篇文章般的激情满怀，在倒入槽一槌槌捣烂时又似我修改作品般仔细、精益求精。

如今，参了军的大舅已经成了部队军官；考了研的二舅也当上了名牌大学副教授；就连小姨也大学毕了业并通过自学考试获得了会计师职称；我是母亲唯一的儿子，因对文学的痴爱而走上了编辑的岗位，也被人冠上了“打工作家”的头衔……春节，全家人其乐融融地围坐在火炉边，都不约而同地谈起了母亲和母亲的糍粑。都说，是母亲的糍粑养活了他们饥瘦的童年，是驮着糍粑的母亲送他们上的中学、大学……看着弟弟妹妹和儿女们如今个个成才，虽然物质上依然是贫穷的，但母亲还是露出了欣慰的笑容。母亲高兴得像个孩子，将自己亲手做的糍粑一块块地夹出去，融化在一片喜悦的泪光中……

在我们的整个大家庭里，糍粑成了吉祥、成功的代名词，无论谁有了成绩，都会得到母亲最好的糍粑作为奖励。

是的，母亲没有多少文化，但她却知道怎样以浓浓的情意来灌溉弟弟妹妹及儿女们的理想和生活的田园。母亲把一生的光阴和辛劳都揉在了糍粑里，滋养了弟弟妹妹及儿女们的生命和思想。而母亲的两鬓却逐渐染上了糍粑粉白的颜色。

啊，那飘着浓香的糍粑哟，是我咀嚼一生的精神食粮！

今夜，那高挂在夜空中的明月也是一块香喷喷的糍粑吗？看到明月我便会忆起那份浓浓的糍粑情。

父亲和我的大学

“收破烂儿，废铜、废铁、废布条……”父亲洪亮的声音穿过村村寨寨，像磁铁一样吸引得一群群光屁股的细伢子，围着父亲的货郎担子转。

每当星期天我不上课的时候，父亲就要我提片破铜锣，跟在他的身后敲。我敲一下，父亲便扯开喉咙喊一声。不到半天，父亲的两个箩筐就装得满满的了。父亲光着膀子挑着货担吭哧吭哧地走在山道上，古铜色的皮肤上流淌着大颗大颗的汗珠。父亲累了便找一块较平坦的地方将货担放稳，然后坐在搭于货筐的扁担上掏出黑黑的烟丝卷着抽。父亲边吸烟，边接过我手里的破铜锣，叫我也坐上去。父亲说：“伢仔，爹今天卖了这担破烂儿，明天就可以交齐你这个学期的学费了。”都开学一个多月了，学校也催了好几次，我的学费还没交齐。望着父亲的满脸愁容，我鼓起勇气说：“爹，要不，我不读书了，每天跟你收破烂儿去！”“啪”的一声，父亲硕大的巴掌狠狠地抽在我的脸上，火辣辣地疼。我看见两颗豆大的泪珠从父亲的眼眶滚下，砸在那片破铜锣上，我幼小的心灵深深地颤抖起来。

沉默良久，父亲才用粗糙的双手将我的头捧起，说："伢仔，还痛吗？都是爹不好，爹赚不到钱供你读书，但这书你一定得读下去，爹可不能让你再走爹这条路啊！"我似懂非懂地点点头，以后再也不敢提不读书的事了。

终于，一张来自省城的大学录取通知单飞到了父亲手中。那天晚上父亲神情庄重地召集家人开了个家庭会议。整个会议上，都没一个人吭声，父亲一个劲地抽着自家种的烟，烟雾缭绕在昏暗的泥瓦房里，气氛异常沉闷。母亲和妹妹的眼里蓄满了泪水，我自始至终抱着头，一言不发。最后只得各自睡去。虽然我们都不说话，但谁都清楚我们开会的目的，也都知道开会的内容和结果。

后来才知道母亲和父亲商量了一整晚。因为在省城，我还有一个远房表叔，听说他在省城的一家公司当经理，所以父亲决定去找找他。以前表叔在县城时，父亲带我去过一次他家，因为表叔那不理不睬的样子，父亲发誓再也不去了。后来表叔就调去了省城，父亲一辈子也没去过省城，所以就中断了与表叔的联系。父亲是在村主任那里弄到表叔的具体地址的，村主任家建房时因要买建筑材料曾去过一趟表叔家，村主任还说，表叔家待人挺热情。

第二天天刚蒙蒙亮母亲便早早起来为我们父子俩的出发做准备。母亲用面粉煎了两块大饼，又用一个塑料水壶装了一壶凉开水，给我和父亲带着上路。母亲还用一个大网兜装了家里那仅有的 3 只母鸡，以及绿豆、黄豆等家乡土特产品，那是带去送给表叔家的礼物。那 3 只母鸡下的蛋全被母亲卖了给我买学习用品和当作学校里的生活费了，我曾靠那 3 只母鸡的蛋清贫地度过了几个学期。父亲的愿望很简单，希望表叔能借一些钱给我上大学。

一早从家里动身经过一上午的车旅颠簸，等我们终于来到表叔家时，已是下午 2 点多了。表婶比我想象中的还要肥胖，浑身珠光宝气，一看就像个贵妇人，表婶上下打量了好半天，才认出我们父子俩来，父亲连忙让我叫表婶。表婶家的地板光洁得让我和父亲如履薄冰，父亲哆哆嗦嗦地甩去了胶鞋，赤着一双粗大的脚板进了客厅，将母鸡顺手放在了客厅的门角。

表婶问我们吃午饭了没有，父亲犹豫着说吃过了，父亲问表叔不在家吗，表婶说表叔出差了，要一个星期才回。表婶说："既然你们吃过饭了，那就坐在客厅看电视吧，我今天约了几个朋友打麻将，她们一会儿就到的，我就不陪你们了。"坐不多久，果真就有几位和表婶差不多年纪的富贵妇人来了。她们说说笑笑地和表婶去了里间，不一会儿就传来了哗哗的搓麻将声。

我和父亲在客厅里坐了两个多小时，父亲的表情很焦急，最后像下了很大决心似的说："伢仔，咱们还是走吧。"

父亲送我上车前，分给了我一张饼和半壶水。父亲叫我先回，他还要去办点事，随后就回。

母亲见我一个人回来了，很是惊讶，我说父亲说他去办点事，随后就回。母亲是了解父亲的，她不放心地说："他在省城又没其他熟人，他会去办什么事呢？"那晚我与母亲互相安慰着一整晚没有合眼，父亲竟一夜没回，第二天一整天仍然没见父亲的影子。母亲的焦虑一点点地加深，最后眉头拧成了一个大疙瘩。

晚上 12 点多，父亲才跌跌撞撞地推开了家门。母亲急切地扑了上去，我赶紧扶住了父亲摇摇欲倒的身子。父亲鼻青脸肿，浑身是伤，父亲的模样将全家都给吓哭了。

原来父亲去卖血了，不识字的父亲看见路边停了一辆义务献血的车子，然后悄悄地将我送上车后，再返回去“卖”血。当护士小姐给父亲抽血后，父亲才知道这血是“卖”不到钱的。父亲得了一本献血光荣证书，一咬牙决定步行回家，以前父亲去县城是从来不坐车的，父亲不知道省城离家究竟有多远。父亲走了一天一夜，仅凭一张饼半壶水支撑着，如果不是在半路遇上村里去省城采购建筑材料的车子，顺便将父亲给捎了回来，还不知他要走多久！

一夜之间，父亲似乎已苍老了很多。我突然发现父亲那饱经沧桑的双眼里滚出两颗硕大的泪珠。父亲说：“孩他妈，我已经想好了，明天我就去集市上把咱那头驴给卖了……”

卖了驴的父亲样样重活儿都得自己用肩膀挑，沉重的生活将父亲的背早早压驼了，但我却放弃了那次上学的机会。我边在南方打工边参加了成人自学考试，并顺利拿到了毕业证，我想，父亲一定会替我感到欣慰的。

父爱如山

父亲老了，头发已变得花白，腰背也佝偻得厉害。父亲见到我依然是轻描淡写地说，回来了？回来了就好！说完就颤巍巍地走了。我感觉到父亲越发深沉了。如山，任风再大也撼不动他的须眉；似海，凭浪再高也撞不出他的胸襟。母亲正忙着烧火做饭，我落座不久，就见父亲赤着双脚顶着寒风从屋外进来，手里还提着两条活蹦乱跳的鱼。

我说："爸，您这是……""你回来了，没有好菜下饭，镇上又隔得远，我就去池塘里捞了两条鱼……"我浑身一颤，父亲啊，这么冷的天，怎么能赤脚下塘呢，儿子在外打工并不缺少鱼吃，春节回来也只是想看看二老。父亲平静的表情下面依然隐藏着浓浓的慈爱。

老实巴交的父亲和勤劳善良的母亲却生了个不安分的我。那年，父亲在母亲的催促下怀揣从泥巴里刨出来的三千块血汗钱，去城里帮我"买"了个单位。我却并没顺二老期望的目光，在他们铺就的轨道去"好好上班"。我对父亲说，我要去打工！父亲半晌不语，只是不停地抽烟。母亲却伤心得泪流满面。

父亲终于将我送上了去城里的山道。父亲说："伢仔，真的要走吗？"我说："我就想去外面闯闯。"父亲微微点了点头，心情却很沉重。"伢仔大了，有了自己的主见，我不干涉，但记住，当你累了的时候就回家歇歇。"我看见父亲的眼睛里有些潮湿，忙将脸转向一边。我点了点头，强忍住眼眶里打转的泪水。只有真正离开了生育自己的家园才真实地感到牵挂啊。

春节短暂的相聚竟让父亲年轻了不少。父亲乐颠颠地去打鱼，乐颠颠地去杀鸡，帮围着锅台转的母亲剥蒜切葱……父亲的脸色红润了很多。但我即将离去的背影又要抹去父亲脸上刚刚绽放的笑容。

漫长的打工生涯，我收获了一叠厚厚的文字，却失去了炉火的温馨，炊烟的浓情，迷失于城市的霓虹灯下的我，恐怕再也走不回被牛蹄和人的脚印互相重叠的小路。我被城市养白的皮肤还经受得了父亲头顶的烈日吗？我纤细的手还握得住父亲粗糙的犁耙吗？

父亲布满青筋的手紧紧扶住我的肩，潮湿的目光一遍遍深情地擦洗我的面颊。"伢仔，你已经是一只长大的鸟，父亲再也捉不住你那双丰满的翅膀了，只是，飞累了记得回家歇歇……"

喜妹子

外婆的小名叫喜妹子，在高山坳是个出了名的美人儿。喜妹子的父亲人称何老爷，有大宅院一座良田数百亩，是当时威震一方的大财主。外公叫王小，9岁时父母就双亡了，被姐姐姐夫养到18岁时就出外流浪。在当时，喜妹子和王小简直一个在天上一个在地下，他们之间就连见上一面都是件很困难的事，就更别说有故事了。可命运偏偏让王小见到了这个大美人喜妹子，并且娶了她。

王小的姐夫曾在何府打过短工，姐夫见王小整天在外流浪，就将他送去何老爷那里打短工。金秋季节，田里的谷子收完后，农人们习惯用田泥糊墙，但有钱人则喜欢用田泥烧砖。何老爷想将西厢房拆了重建，于是便招了一批短工，其中就有我的外公王小。王小被分配在搅泥组，从野外运回的田泥都要经过搅拌才能进砖模，王小年龄不大，只能打杂，他的工作是给被太阳晒干的泥土上洒水。干累了，王小便伸长了腰站着休息，一双眼睛骨碌碌地转着往四周看何府的气派。当他的目光瞅到东边楼台上时，不由自主地停留在了两个清丽的身影上。想必那个着绿衣的是丫鬟甜甜，瓜子脸穿红衫的就是何小姐喜妹子了，王小以前也听人说过喜妹子是如何漂亮，但那只是听说并未亲眼见到。他想不到喜妹子竟比传说中的还要漂亮！喜妹子那时正好16岁，花一样的年龄，花一样的容貌，被丫鬟一逗，更是笑灿了一树桃花。就这样王小的目光再也不想移开半分了，要不是工头的一声吆喝，王小是绝对舍不得回头的。

晚上，睡在工棚里的王小有生以来第一次失眠了，特别是当有些无聊的工友们，在谈起喜妹子时那一脸的淫邪，让王小的心里难受极了。但心里再难受他也不能讲，他知道讲出来人们都会笑他癞蛤蟆想吃天鹅肉的，尽管他不说，但他敢想，他发誓这辈子一定要娶喜妹子为妻。但光想那是不现实的，还得有行动，怎么个行动法呢，他犯难了。喜妹子是千金小姐，整天足不出户，他一个小工人怎么可能见得到她呢，更何况就是见着了，喜妹子又看得上他吗？一连半个月，他白天狠命地干活，晚上则一个人静静地坐在月光下望着东边的楼台发呆。喜妹子的绣楼里点着灯，洁白的窗纸上印着两个身影，一绿一红，有时打闹有时静坐，王小的心也随着那两个影子跳动着。不知不觉他就睡着了，但深秋的夜风又将他吹醒了，这时，对面何小姐房间里的灯早已熄灭。他想如果此时悄悄爬上喜妹子的绣楼……这个念头还没在脑海中形成，一声更鼓就将它击了个粉碎。于是，他只得叹息着回了工棚，好半天才睡去。

或许是我的外公王小的诚心感动了喜妹子，或许是命运之神早就安排好了，喜妹子此生就必得嫁给王小，总之，王小还是见到了他渴慕已久的何家小姐喜妹子。

当王小又一次被夜风吹醒时，他突然发现自己身上多了一件衣服。那是一件手感很好的丝质红色的夹袄，他下意识地拿到鼻下嗅了嗅，一股女人的香味直沁入肺腑，这让还从未碰过女人的王小深深陶醉了。他猜想这件衣服肯定是何小姐的，只有她才喜欢穿红色的衣服，再说，这么大的何家大院也没有其他女人了。何家小姐喜妹子居然会送衣服给他，王小激动得不知如何是好。一件女人的衣服却被一个大男人拿在手里，如果让人看到了不说是他偷的才怪。他手捧这件衣服就像捧着喜妹子一颗火热的心，他既不能辜负了她，又不能让人发现了这个秘密。最后，他想出了一个绝妙的办法，将这件衣服穿在里面，然后将他平常穿的那件破衣罩在外面。就这样蒙过了工友们的眼睛，但他心里还是常犯嘀咕，何家小姐怎么会看上他的？于是，他总想多看喜妹子几眼，而他又只能远远地看着她而不敢接近绣楼。时间长了他感觉到喜妹子似乎对他并没什么，不然她为何不来找他呢，她每天都可以见到在太阳底下劳动的他的。

无限失落的时候王小又在夜深人静时躺在工棚外面盯着对面的绣楼发呆。那天晚上王小睡得很沉，因为他做了个梦，梦见自己睡到了喜妹子的床上，喜妹子那纤细而柔软的双手正在他的胸前轻轻地搓揉。醒来却见丫鬟甜甜在用力地扯着他的衣服，他一惊，问道：“你想干什么。”甜甜没好气地说：“你快把小姐的衣服还给她，人家见你一个人睡在露地里一片好心拿件衣服给你暖身子，你却穿着她的衣服到处丢人现眼，毁坏小姐的名声。”原来有家丁发现王小穿了件红色的衣服，就将这件事报告给了何老爷，何老爷叫人再去仔细看看，结果证实那的确是小姐的衣服。这还得了！何老爷拍案而起，便逼着喜妹子拿出那件衣服。原来那件衣服并不是一般的衣服，是何老爷花高价从新疆弄来的狐皮衣，何老爷也并不是心痛那件衣服，他是想不通喜妹子怎就看上了流浪汉王小。王小却还懵然不知大祸已经来临了。就在王小与丫鬟甜甜争执不下时，更鼓声敲到了他们的面前。机灵的甜甜见势不妙，扯起王小就躲进了小姐的闺房。

闺房特有的香味让王小晕头转向，王小看见喜妹子坐在床边流泪心生怜悯，就想上前安慰她几句。甜甜早已迫不及待地要去脱王小的衣服。就在这时门外响起了脚步声，何老爷和夫人来了，跟随的还有几个如狼似虎的家丁。何老爷是接到那位打更的报告后匆匆赶来的，他要让夫人来看看她养的女儿是何等地不听话。王小还从没见过这等阵势，就在丫鬟甜甜打开后窗准备将王小推下去时，何老爷等人已将门撞开了。

结果是王小被家丁们狠揍了一顿后轰出了何家大院，小姐喜妹子被关进了柴房面壁思过，甜甜因照顾小姐失职被罚去厨房洗碗。被揍得鼻青脸肿的王小只得继续流浪，虽然他不知道何老爷为何要让家丁揍他，并将他赶出何府。他只知道他肯定是做错了什么事，于是他深感无脸见姐姐姐夫。但他知道何小姐喜妹子是喜欢他的，不然她怎么会送衣服给他呢。尽管衣服早被何老爷收了去，可何小姐也因此而受了苦啊。一想到何小姐他的心里便很难受，她可是为了他而受的苦啊。这样想着他决定去看看何小姐。

秋风阵阵，月色寒凉。王小翻上了何家的墙头，由于他曾在何家做过工，路线很熟，很快就摸到了关喜妹子的柴房。朦胧的月光下他和丫鬟甜甜差点撞个满怀，两人都大吃一惊，原来甜甜是给小姐送饭和被子的。甜甜一见是王小，气就不打一处来：“好啊，你还有脸来见我家小姐。”王小见是甜甜反倒放心了，王小说：“我是来看何小姐的，她为我受了那么多委屈……”甜甜还想说什么，但喜妹子在柴房里开口了：“丫头，你让他过来吧，看他有什么话说。”王小见喜妹子要听他说话，顿时激动得手足无措，王小说：“喜妹子，你……你受苦了吧，我知道你喜欢我，是……是为了我才……”甜甜见王小语无伦次的憨样扑哧一声笑了：“谁喜欢你呀，自作多情。”王小的憨态将喜妹子也逗乐了。喜妹子想她宁可嫁给王小也不要让父亲来安排，父亲的眼里只有权势和钱，喜妹子有一颗善良的心，她很同情如王小一般的穷人而恨透了鱼肉乡亲的父亲。喜妹子便说：“丫头，不得取笑人家，他也是受害者，我们不但没帮到他反而还害了他。”接着又对王小说：“你还是赶快走吧。”

可王小却不依。这时那更声又自远而近了，王小恨死了那更声，他真想去揍一顿那打更之人。甜甜和喜妹子都催他快走，不然就来不及了。也许是喜妹子的话给了王小力量，他闷哼一声用肩头顶开了柴门，两只有力的大手夹起喜妹子的纤腰，不由分说就往外跑。谁都没有料到他会来这一手，甜甜站在那里吓傻了眼，打更的也被高大健壮的王小撞出很远摔在地上动弹不得。喜妹子更是几乎被他粗鲁的举动吓晕，叫又不敢叫，只得紧闭双眼任凭他摆布了。

当火把和人声渐行渐远，并且已转了方向，王小这才放下喜妹子。望着直喘粗气的王小，喜妹子也已吓得浑身酥软，骨头像散了架似的。朦胧的秋夜，寒风阵阵，刚才因被人追赶不觉得冷，反而满头大汗，现在被风一吹，浑身竟起了鸡皮疙瘩。又怕又饿的喜妹子冷得直发抖，这时也毫无小姐风范了。她泪眼汪汪地说：“你究竟要把我带到哪里去？”王小一想，是啊，我把她救出来后又让她住到哪里呢，莫非将她留在这荒山野岭挨饿受冻？这时他想起了以前当流浪汉时曾住过的一个破庙，还是暂时将她带到那里去吧。自从进何府当短工后，王小就没住过破庙了，初进这蛛网密布，老鼠成群的环境，何家大小姐喜妹子就吓得尖叫了起来。王小毕竟是流浪汉出身，生活上都是自己照顾自己，这时倒显得从容不迫。他首先掏出以前未用完的桐籽点着火，又将残留的稻草烧成一个火堆，让喜妹子烤暖身子之际，他转身出庙门去了野外。喜妹子顿感庙里亮堂堂暖烘烘的，她看着王小为她做这一切时，心里竟涌起了一股说不出的感动。

很快，王小便夹了一捆稻草回来，同时，手里还提了一串红薯和一壶山泉。躺在松软的稻草上，虽没有绣楼的闺床上舒适，但也很温暖，喜妹子看王小的眼神就温柔了起来。火堆熊熊地烧着，喜妹子的脸被烤成了一朵艳艳的梅花。喜妹子浑身有点燥热了，额上沁出了细密的汗珠。喜妹子说：“你把我带出来了，我爹一生气肯定不要我了，那我以后怎么办呢？”王小将香喷喷的红薯掰开递一半给喜妹子：“要不你就嫁给我好不好？”说这话时，连王小自己都吓了一跳。喜妹子突然咯咯笑了起来：“嫁给你？让我住破庙，吃烤红薯？”王小见喜妹子笑了，也不知从哪里来的勇气一本正经地说：“喜妹子，只要你答应嫁给我，我就是做牛做马也会让你过上好日子的，没住的我可以上山砍树建房子，没吃的，我可以种田种地，喜妹子，我……我真的好喜欢你……”说着，王小一双粗糙的大手就握住了喜妹子那双滑嫩的小手。喜妹子急了，边往外抽自己的手，边说："不……不行，我爹肯定不会放过你的……"

王小说："我不怕，我们可以躲得远远的，再说，只要能和你在一起哪怕就是要我去死，我也心甘情愿。"王小的力气大，拉拉扯扯中喜妹子坐不住一下便倒进了王小的怀里。王小突然看见喜妹子的眼里滚出了一串泪珠，王小的身子一抖，问："你怎么啦，是不是不舒服？"喜妹子说，"王小，我跟了你，你会一辈子对我好吗，你该不会欺负我吧，你知不知道我多么渴望自由，却总是得不到自由，我多么希望痛痛快快爱一回啊……"喜妹子从王小的怀里爬了起来，说："这样不算，我们还没拜天地呢，没拜天地是不能入洞房的。"王小一脸茫然。于是，在喜妹子的指引下，王小手忙脚乱地去将庙堂里那布满灰尘的菩萨打扫干净，然后在菩萨前垫上稻草，王小和喜妹子同时跪拜……

喜妹子就这样成了我外公王小的老婆，也成了我的外婆。他们没有拿过结婚证，没有按过手印签过字，却在一起生活了一辈子，他们的证书装在心里，庙里的菩萨就是他们的证婚人。婚后，王小带着喜妹子去了离何府 50 多公里的一个小山村。他们隐姓埋名，男耕女织，生儿育女。多年没与何府来往，由于没人知道王小和喜妹子的故事，更没人知道喜妹子的身世。新中国成立后，在打土豪分田地的运动中，王小与喜妹子均没受到何府的牵连。

再后来，由于喜妹子怀念那个叫高山坳的地方，所以便起了搬回故乡的念头。王小经不住喜妹子的再三央求，只得答应了。一个流浪汉能够娶到千金小姐做老婆，是我外公荣耀了一生的事，当我的外婆扁着无牙的嘴向我讲起他们的故事时，我的外公还一脸神往地坐在外婆的面前，边听边吸着烟斗，好像又回到了那个破庙里，回到了他做新郎的夜晚。

拯　救

在我的班上，有一个叫魏亮的学生，不但成绩差，而且还喜欢跟社会上的小混混一起去偷盗、打架。在我接任这个班的班主任之前，就有很多老师向我谈起过魏亮的种种劣迹，还连连摇头说，他肯定没得救了。就连校长也暗示过我，如果这个学生实在无法管束，可以给予开除处理。

我决定要做最后一次努力，去魏亮家家访，如果还是不能挽救他，就只能放弃了。当我来到魏亮的家里时，眼前的景象让我惊呆了。

原来魏亮的父亲因病瘫痪在床两年多了，他的母亲也因此离开他们父子改嫁他乡。由于生活艰难，魏亮的父亲对妻子的出走又耿耿于怀，于是便将满腔怒火发泄到了儿子身上，稍有不如意便非打即骂，父子关系也变得十分紧张。

魏亮的父亲一见到我，并从魏亮的嘴里了解到我是他的老师时，马上抡起拐杖边骂边要打儿子："你肯定又在外面犯事了，不然老师怎么会找到家里来，快说，你究竟又干了什么坏事？不说，老子今天就打死你！”

魏亮倔强地站在那里低着头一言不发，我赶紧夺过魏亮父亲手里的拐杖，说：“孩子今天没有犯错，你不应该打他。”魏亮的父亲不相信地问：“什么？他没犯错？那老师您怎么会来我们家呢？”我说：“难道只有孩子犯错了，我们当老师的才能来家访吗？”魏亮父亲的态度显然平和了很多：“没犯错就好，唉，哪次老师来了不是告诉我，孩子又犯错了，我以为这次又，唉，都是我不好，常年瘫痪在床……”

我说：“魏亮不但没有犯错，而且在学习上还有进步了呢！我今天就是特地来告诉您这个好消息的！”接着我说：“像这么好的苗子，我们可是要重点培养的，他怎么会犯错呢？”我看见魏亮父亲的眼里滚出了两颗浊泪：“谢谢老师，谢谢老师告诉了我这个好消息，这可是我从来没有听到过的好消息啊，我这不是在做梦吧。”他边说边让魏亮去倒水给我喝：“这孩子，没想到还没有废掉，居然在学习上还有了进步，这得谢谢老师您啊！”

我看到魏亮的身子在微微地颤抖，他抬头感激地望了我一眼后才去倒水。直到走的时候，我也没有将那憋了一肚子的话，当着魏亮父子的面说出来。魏亮的父亲一定要儿子搀扶着他将我送出家门。

多年后，早已离开教师岗位的我意外收到了一封魏亮的信。魏亮考上了北京的一所大学，特来向我报喜。信上，他说那天他正准备自动离校，跟几个小混混去沿海一座城市闯荡。因为母亲的离去，父亲的打骂，老师的嫌弃，他觉得像他这样的人已经没有出头之日了，不如破罐子破摔算了。可是，那天他却意外地听到了我对他的称赞，并且还得到了父亲的拥抱和笑容。他决定不自动离校了，他要好好学习，不能辜负了我对他的期望。

看完魏亮的信，我的心里久久不能平静，没想到，平生最恨谎言的我，却用谎言拯救了一个差点堕落的灵魂。

人生需要缺衣少食

丰衣足食是人们经常互相祝福的话。意思是希望对方能够穿得暖，吃得饱。可是，如果真的这样做了，对当事人来说却不一定是好事。

妻子刚生下女儿时，我们雇了一位保姆。对于育儿毫无经验的我们来说，照顾好女儿的希望就全放在了保姆的身上。可是，保姆的做法却让我跟妻子很不放心。虽然我们不懂得照顾初生的女儿，但总还是懂得让她吃饱穿暖的道理。

可是保姆却常常让女儿冷着饿着。有时候，我们实在看不下去了，便会给女儿多盖一床被子，多喂几口奶。可是，我们给女儿多盖的被子，很快便会被保姆掀掉，多喂了几口奶也会遭到保姆好一顿批评。

终于，妻子受不了了。她认为请来的保姆就是靠不住，与其让女儿受苦，还不如自己带。谁知，保姆走了才几天，女儿就生病了。医生说，是消化不良引起的腹泻和过分捂着引起的发烧。医生还说，小孩子不能吃得太饱，被子也不能盖得太多，宁可饿着点冷着点也不能过饱过热。因为过饱会消化不良，过暖会引起孩子发烧。我和妻子这才明白，是我们错怪了保姆，并且也明白了，让孩子吃饱穿暖过头了，并不是件好事。

有一次，我们一家去乡下玩。在一个花圃里，看到一位花农正在用刀砍花的茎部。那么好看的花，砍了多可惜呀！我们便过去问花农。花农说，他并不是想将这些花都砍掉，而是希望它们长得更旺盛。

我们不明白了，那些砍伤了茎的花能不能成活还是个问题，怎么还会长得更加旺盛呢？花农说，这你们就不懂了，这些花看起来是好的，其实它们已经进入了一个“舒适期”。所谓的“舒适期”就是营养过剩。这时，如果没有外部的刺激，这些花就会自然凋谢。如果在它们的茎部砍上几刀，再在上面撒上几把盐，就能迅速调节它们的新陈代谢功能，很快它们便会枝繁叶茂起来。

人生就是这样，舒适往往孕育庸才，而磨难却能造就成功。丰衣足食的日子只能令人失去斗志，而缺衣少食的生活，却能激发生命的能量。

空白的信

西蒂一出生双眼便看不见。

西蒂的父亲杰克是银行职员，母亲丽莎原来在一家商场当售货员，因为西蒂，她毅然做了家庭主妇，专门照顾西蒂及丈夫杰克的日常生活。

在西蒂 10 岁那年，她的母亲丽莎对西蒂说，因为要给她医治眼睛，她的父亲杰克必须到离家两千公里的希德堡镇做生意。而她也要外出工作，并已经联系好了离家最近的那家超市——她的工作依然是营业员——只有这样才能赚够给她医治眼睛的钱。虽然爸爸离家太远不能经常回家，但妈妈每天晚上都会回家照顾她、陪伴她，并让她相信，不管什么时候爸爸妈妈都是爱她的。西蒂懂事地点了点头。

在妈妈的帮助下，西蒂将家里的东西全部放在固定的位置，并深深地记在脑中，西蒂决定学会自理生活。她学着自己烤面包，自己煎牛排，妈妈不在家的时候，她就自己做饭吃。每天，妈妈都要很晚才回家。西蒂感觉到妈妈一定很累，因为每天夜里她都能听到妈妈的叹息声。但妈妈在跟西蒂说话的时候，又好像很快乐，很开心。西蒂经常问妈妈是不是很累，但都被妈妈否认了。妈妈说，只要能赚够医治好西蒂眼睛的钱，叫她干什么她都乐意。还有西蒂的爸爸，跟妈妈的心愿是一样的，他在遥远的希德堡镇赚钱的目的，就是希望西蒂的眼睛能够尽快好起来。只有到了那个时候，他们一家才能够团聚。西蒂不止一次地说，如果爸爸妈妈能够留在自己身边，她宁愿自己的眼睛永远也看不见。妈妈丽莎听了这话很生气，说爸爸妈妈不能陪你一辈子，你迟早是要独自面对生活的，爸爸妈妈唯一的心愿就是治好你的眼睛。西蒂不再出声了。她唯有祈祷上天，让他们一家人早点团聚。

转眼，圣诞节到了。西蒂想爸爸了，懂事地跟妈妈说，她知道忙碌的爸爸肯定回不来，但她想给爸爸打个电话。妈妈沉默了良久，才说："还是不要打电话了，因为爸爸太忙了，并且他已经写信来了，不如我现在就念给你听吧。"西蒂高兴极了，说："真的吗，爸爸真的给家里写信了吗？"于是，她一脸幸福地听妈妈念爸爸的来信。

亲爱的妻子丽莎及女儿西蒂：

你们好，我在这里很好，只是很想念你们……我现在唯一的希望就是赚够给西蒂医治眼睛的钱，然后我们一家团聚。请你们一定要相信，这一天很快就会到来的。

永远爱你们的杰克

听了爸爸的来信，西蒂高兴极了。从此，每隔几个礼拜爸爸的信便如期而至，妈妈丽莎照样要念给西蒂听。

终于有一天，西蒂睁开了眼睛。但她仍然只看到了妈妈，爸爸并没有回来跟她们母女俩团聚。西蒂睁开好奇的双眼，整个世界对她来说都是新奇的，她看到了挂在墙壁上爸爸妈妈的照片，她发现，站在她面前的妈妈比照片上的要苍老很多。这都是为了医治她的眼睛，妈妈才如此操劳的啊，她又想起了爸爸，爸爸也一定跟妈妈一样，为了给她医治眼睛而不停地操劳，最终变得无比苍老。她问妈妈："爸爸呢，现在我的眼睛已经医治好了，他为什么还不回来？"妈妈习惯性地去拿爸爸的信，说："好孩子，你爸爸又来信了，我去拿来念给你听。"这次西蒂没有让妈妈念，她要亲眼看一看爸爸写给她的信！当她拿过妈妈手里的信一看，不禁呆住了，那竟是一张白纸！西蒂懂事地又将那张白纸递给妈妈说："我不识字，还是请妈妈念给我听吧！"

妈妈跟往常一样高兴地念着，西蒂听着听着便笑了。

第二天，当妈妈外出工作的时候，她发现爸爸以前写回来的每封信都是白纸。她还悄悄地跟踪妈妈，发现妈妈白天在超市里工作，下班后还要去一家餐馆里洗几个小时的盘子。

在西蒂去上学后的一天，她突然发现了一个跟挂在家里的爸爸的照片很像的男人，那个男人搂着一个比妈妈年轻的女人，有说有笑地在大街上与西蒂擦肩而过。此时，西蒂什么都明白了，也终于明白了妈妈的良苦用心，妈妈为了维护一个孩子心中的完整家庭形象，竟然付出了巨大的代价！

晚上，妈妈下班后，西蒂拿着一张白纸，说爸爸来信了，这回她要念给妈妈听。丽莎一愣，但还是示意西蒂念下去。

亲爱的妻子丽莎及女儿西蒂：

你们好，我听说西蒂的眼睛已经治好了，我很高兴。只是，我现在在希德堡生活得很好，因为这是个美丽的地方，美丽得让我深深地爱上了这个地方，所以我不想回去了。但我也希望你们在家里生活得快乐平安。如果有可能的话，我还希望丽莎重新给西蒂找一个好爸爸，能够代替我照顾你们母女俩，这样我在这里就可以安心地生活了。以后我依然会给你们写信的。

永远爱你们的杰克

听完信，丽莎的眼泪再也忍不住流了下来。